春秋胡氏學

宋鼎宗　著

目錄

第三章 《春秋》經世說

第四章 《春秋》寓宋說……149

第五章 《春秋胡氏傳》之批評（上）……213

第六章 《春秋胡氏傳》之批評（下）……275

徐序

夫孔子之微言大義，在於《春秋》。內聖外王之道、安邦定國之略、剛紀人倫之本，亦莫不在於《春秋》矣。《春秋》文成數萬，其指數千，上明三王之道，下辨人事之紀，著大一統之思想，尊王道而攘蠻夷，內諸夏而外戎狄。正三綱而端五常，撥亂世而返諸正，實禮義之大宗，而吾民族精神之所寄託也。能爲天地立心，生民立命，而開萬世之泰平，故〈太史公自序〉遍述六經，而於《春秋》，多方陳述，尤殷勤焉。《春秋》之重要如此，是以博學通儒皆精研焉。解釋《春秋》之作，在昔有《左氏》、《公羊氏》、《穀梁氏》，與《鄒氏》、《夾氏》五傳。其後《鄒氏》、《夾氏》之傳，人無傳者，獨《春秋》三傳，炳耀千古，列入十三經之中，世多習者。而三傳異同，辯駁互出，各有短長；昔之宿學鴻儒：如啖助、趙匡，孫復、劉敞之倫皆思折衷三傳，歸諸麟經；其中獨能婉轉關通，尤爲邃密，挺然獨秀，而與三傳並配，號爲《春秋》四傳。主宰科場數百年者，唯南宋胡文定之《傳》耳。胡氏生乎南北宋之際，親見徽、欽二帝之蒙塵，金虜之猖狂，思有以弼匡高宗，振衰起弊，克敵制勝，伸民族之大義，復君父之深仇，存天理於既滅，遏人欲於橫流。既慨絕筆於往古，乃思紹述於斯時，於是有《春秋胡氏傳》之作。惟是先史之未備，成後學之深疑，贊論麤疏，詞義踳駁者。胡氏亦不能無之。宋子鼎宗，幼好斯學，探賾鈎深，研精索微，覈典墳之遺文，考四傳之幽旨，禮樂損益，既博綜乎百代，天人之際，亦通明於今日。承名師之指點，學有淵源，資友朋之切摩，名嘗多聞。窮經於三冬，研文於今古，成《春秋胡氏學》一書。既匡《胡傳》，兼出新意，同揚聖經，亦何多讓焉。芹庭志學之年，亦好斯學，嘗欲取《春秋》四傳之精要，伸民族之正氣，振大漢之天聲；而有志不伸，棲志佛老，澹泊寧靜，晴空無雲，古井不波，用是未能經意。宋子鼎宗，既成《春秋胡氏學》之佳構，吾欲以此期之矣，宋子勉乎哉！

戊午孟夏東海徐芹庭　仁叔甫　敬序

序

《漢書藝文志》云：「昔仲尼沒而微言絕，七十子喪而大義乖，故《春秋》分為五。」其後以「鄒氏無師，夾氏未有書。」故《左氏》、《公羊》、《穀梁》三傳，各自名家，角力並行。洎宋・胡安國《春秋傳》出，不僅時君「率二十四日讀一過」，並與《左氏》、《公羊》、《穀梁》三傳，共同主盟科場，歷宋、元、明、清四朝，經五、六百年不衰，於是「春秋四傳」之名，遂為之定讞。

經學之興，要殖基於炎漢，經術辯證之盛，則無過於西京之石渠閣，與東京之白虎觀，然兩京之經學大會，並以在位之君「稱制臨決」，以斷經義之是非高下，是經義固難自外於政治，而政治固有待經義之扶持也。

治《春秋》之家，董仲舒以「《公羊》大一統」之說，佐武帝「獨尊儒術，罷黜百家。」然又謂「《春秋》屈民以伸君，屈君以伸天。」何休謂「《春秋》有三科九旨。」又說「孔子為漢立法。」杜預雖主《春秋》「本周公之遺法，孔子從而修之。」然於不忠不孝之司馬家族，又處處曲為迴護。由此觀之，諸家經解，雖各擅勝場，然就其性格言，相去非遠也。

胡氏《春秋傳》於「《春秋》經世之旨」深有契合，於「格君心之非，自强爲善，視賢去讒，復讎雪恥，設險逐寇，匡復失土」諸大義，拳拳服膺，不有稍懈。其於錢賓四先生所說：「生在這個時代，就要爲這個時代作學問。」之使命觀，豈非若合符節？至於「戒權臣終成孤立之勢，因宋祖之家法而成偏安之局。」固漢世以來，經學家之運命與局限，董、何諸大儒，亦不能免，何必獨責胡安國？

本書得以順利出版，要特別感謝萬卷樓圖書有限公司之主事先生，及所有付出心力的先進朋友。還要感謝臺灣師範大學莊萬壽教授的盛情推薦，永銘吾衷。

南投中寮　宋鼎宗　序於成功大學中國文學系

第一章 導論

一、胡安國之生平簡介

胡安國，字康侯。宋建州崇安縣開耀鄉籍溪里人（胡寅先公行狀）。生於神宗熙寧七年（西元一〇七四年）甲寅，九月二十二日巳時（《伊洛淵源錄》卷十三）。

安國高祖敏、曾祖容，皆率德不耀。祖罕，爲人負氣節，重然諾；鄉里有競者，待罕一言而決。產素饒，散給羣從。以故，致空匱，怡然終不憾（《遊酢胡淵墓誌銘》）。父淵，字澤之。始讀書爲進士業，以孝聞。熙寧初，以親老家貧，往來授學江浙間。嘗任宣義郎，致仕。後以安國，追贈中大夫。母吳氏，同里仙州居士吳羨門之女，後贈令人（〈先公行狀〉，《閩中理學淵源考》卷三）。

安國初能言，母吳氏試教以訓童蒙韻語數十字，兩過，能記。時大母余氏撫之曰：「兒必大吾門。」七歲為小詩，有自任以文章道德之句。十五歲，遊學信州，從歙人胡公遊。公以為他日當為大器。越兩年，入太學，師事伊川先生之友朱長文及穎川靳裁之。裁之才識高邁，與論經史大義。由是，學益强，識益明。

紹聖四年（西元一〇九七年），年二十四，廷試進士。安國推明大學格物、致知、正心、誠意、修身、齊家、治國、平天下，以漸復三代爲對。考官定爲第一。時章惇當國，主紹述熙寧、元豐之制。以無詆元祐語。遂以何昌言爲首選，方天若次之，又欲以章惇之子次天若。哲宗皇帝命再讀之，注聽稱善者數四，親擢爲第三。授常州軍事判官，改授江陵府觀察推官，未赴，如荊門，道出江陵，帥臣監司奏充江陵府學教授。安國正身律物，凡休沐不出，所訓說務明忠孝大端，不貴文藝。任滿，除太學學錄，遷博士。以足不躡權門，爲蔡京所惡。

崇寧四年（西元一一〇五年），除湖北學事，到官，改使湖南。所至訪求人才，咨詢利病，禮賢士，愼剌舉。會詔諸道學事，官舉遺逸。安國薦永州布衣鄧璋、王繪應詔。零陵縣主簿李良輔訴二人者，黨人范純仁客，而流人鄒浩所請託也。左僕射蔡京素惡安國不爲己用，乃命湖南憲司置獄推治，遂除名。安國乃退居荊門漳水之上，治農桑，甘淡薄，定省之外，以經籍自娛。

大觀四年（西元一一一〇年），良輔以他罪抵法臺，臣毛注直前事，復原官。

政和元年（西元一一一一年），張商英相，除提舉成都府路學事，安國以親老辭①。二年，丁令人憂。安國之侍令人疾，食不盡器，衣不解帶。居喪哀毀，營奉窀穸，冒犯霜露，一事一物，必躬必親，荊楚風俗，乃爲之變。

政和八年（西元一一一八年），少宰余深薦於朝，至京師，臥疾丐歸。

宣和元年（西元一一一九年），除提舉江南東路學事，復召上殿，未受命而父卒。既免喪，謂子弟曰：吾奮跡寒鄉，爲親而仕，今雖有祿萬鍾，將何所施？遂致其事，築室塋山旁，分置圖籍，瞻首丘墳，繙閱古今，慕陶靖節，爲人誦心遠之章。望雲倚枕，臨水觀魚，淡然無外營，將終身焉。宣和末，侍臣李彌大、吳敏、譚世勣合章薦安國經學可用。除尚書屯田外郎，辭不就。

靖康元年（西元一一二六年）二月，除太常少卿，辭不就，再除起居郎，又辭。時女眞乘虛直擣京師，爲城下之盟。安國乃移書大諫楊公時略謂春秋大義，始失地不書，不能保其土地人民，爲不君諱也。且門庭之寇，所當懲創；城下之盟，聖人所貶云云。要在振衰起弊，以克敵制勝也。九月，除中書舍人，賜三品服。爲門下侍郎耿南仲所忌。十月，出知通州。既出逾旬，金兵薄京師，有旨召還，竟不達。

建炎元年（西元一一二七年）五月一日，高宗即位。安國上言崇甯以來，奸臣擅朝，濁亂天下有九失。又按春秋大義，陳治九失之策。六月四日，以給事中召。爲右僕射黃潛善所詛，命遂寢。

建炎三年（西元一一二九年），樞密使張浚薦安國可大用（按張浚薦文定，胡寅《先公行狀》、《福建通志道學傳》皆作三年，而《伊洛淵源錄》、《閩中理學淵源考》皆作二年）。再召爲給事中，辭不就。因致書宰相呂頤浩曰：朝廷欲理兵政以强國，而官吏不知恤民以養兵，是欲稼之長而涸其水，欲木之茂而去其根也。除提舉臨安府洞霄宮。

紹興元年（西元一一三一年）十二月，除中書舍人兼侍講。秦檜薦之也。辭不就。因致書參政秦檜，略謂春秋大義，貴守土疆，恥於喪地，戒於失險云云。要在保固形勢，以期恢復失土也。因獻時政論二十一篇（按《先公行狀》、《伊洛淵源錄》、《閩中理學淵源考》，皆謂在元年。《福建通志·道學傳》以爲在二年四月）。安國嘗自謂「雖諸葛復生，爲今日計，不能易此論也。」（《宋元學案·武夷學案》）

紹興二年（西元一一三二年）七月，入對臨安行在所。高宗出左氏傳，命點句正音。安國因謂陛下方思濟艱難，不宜耽玩文采。欲削平僭暴，克復寶圖，莫若儲心仲尼之經，高宗稱善。八月，除兼侍讀，專講春秋。時講官四人援例，乞各專一經。高宗以他人通經，不得與安國比，不許。會除故相朱勝非同都督江淮荆浙諸軍事。安國乃奏勝非與黃潛善、汪伯彥同在政府，緘默附會，循致渡江。及正位冢司，苗、劉肆逆，貪生苟容，辱逮君父。方今强敵憑陵，叛臣不忌，恐勝非上誤大計。於是，勝非改除侍讀。安國又奏謂臣蒙睿獎，方俾以春秋入侍，而與勝非爲列，有違經訓，丐罷。遂落職。又半歲，西休於衡岳，買山結廬，名曰書堂，爲終焉計。

紹興五年（**西元一一三五年**）**二月**，除徽猷閣待制，知永州。引疾固辭。四月，改提舉江州太平觀，令纂修所著《春秋傳》。

紹興六年（**西元一一三六年**）**十二月**，上所纂《春秋傳》②。

高宗謂深得聖人之旨。除提舉萬壽觀兼侍讀。時諫官陳公輔乞禁伊川之學。安國聞之，奏曰：孔孟之道，不傳久矣。自頤兄弟始發明之，然後知其可學。然今使學者師孔孟，而禁不得從頤學，是入室而不由戶也。頤與兄顥，及邵雍、張載，皆以道德名世，望下禮官討論故事，加此四人封爵，載在祀典。仍詔館閣裒集其遺書，使羽翼聖經云云。

紹興七年（**西元一一三七年**）**六月**，以左司諫陳公輔等詆安國學術頗僻，除知永州，辭不就。十月，復除提舉江州太平觀（《皇宋兩朝中興聖政》卷二十二）。

紹興八年（**西元一一三八年**）**二月**，進寶文閣直學士。賜銀帛三百疋兩。四月十三日歿於書堂，享年六十有五，謚文定，九月一日。葬於潭州湘潭縣龍穴山。

洎元至正二十二年贈太師，追封爲楚國公。明正統二年，從祀孔子廟廷。成化三年，追封爲建寧伯，嘉靖九年，改稱先儒胡子。

安國一生彊學力行，以聖學爲標的，志於康濟時艱，見中原淪沒，遺黎塗炭，常痛切於其身。雖數以罪去，其愛君憂國之心遠而彌篤，每有君命即置家事不問。然風度凝遠，蕭然塵表，視天下萬物無一足以嬰其心。故其使湖南也，舉布衣鄧璋、王繪，為蔡京所惡，命湖南憲司推治。帥臣曾廣孝嘗言之。退語人曰：「胡康侯當患難，凝然不動，賢於人遠矣。」靖康中，欽宗每遇臣僚登對者，往往問其識胡安國否？中丞許翰嘗對曰：「臣雖未識，然聞其名久矣。自蔡京得政，士大夫無不入其籠絡。超然遠迹，不為所汚，如胡安國者有幾？」朱震被召，問出處之宜。安國曰：「子發學易二十年，至有成說，則此事當素定矣。世間惟講學論政，則當切切詢究。若乎行己大致去就語默之幾，如人飲食，其饑飽寒溫，必有斟酌，不可決諸人，亦非人所能決也。某之出處，自崇寧以來，皆內斷於心，雖定夫、顯道諸丈人行，亦不以此謀之，而後亦少悔。浮世利名，眞如蠛蠓過前，何足道哉！」故自登第逮致仕凡四十年，而在官實歷不登六載（以上皆見《先公行狀》）。蓋其學術，尤在踐履上著力故也（《閩中理學淵源考》卷三）。是以，謝顯道嘗語朱震云：「胡康侯正如大冬嚴雪，百草萎死，而松柏挺然獨秀者也。」（《先公行狀》）。而朱文公亦稱其傳家錄極有力，可以律貪起懦是也（《閩中理學淵源考》卷三）。然文定者，係私淑二程而有成者也。故時人有侯仲良者，言必稱二程先生，他無所許可。後至漳濱，見安國言行，不覺歎曰：「始吾以為志在天下，視不義富貴眞如浮雲者，二程先生而已，不意復有斯人也。」（《先公行狀》及《宋史本傳》）。

二、著述與學統

㈠著述

安國所著書，據胡寅〈先公行狀〉及《宋史本傳》所載，皆謂有《文集》十五卷，《資治通鑑舉要補遺》一百卷，《春秋傳》三十卷。

1、《文集》十五卷

〈先公行狀〉云：「公少時有作爲文章立名後世之意，其後篤志於天人性命之學，乃不復作。故召試，辭免之。奏曰：『少習藝文，不稱語妙，晚捐華藻，纔取理明，既覺昨非，更無餘習。』文集十五卷，皆不得已而應者。」而《宋史本傳》亦云：「安國少欲以文章名世，既學道，乃不復措意。」攷諸安國七歲爲小詩，有自任以文章道德之句。則文集皆早期之作矣。由汪克寬《春秋胡傳附錄纂疏》引《文集》之文字觀之，頗多討論《春秋》大義、微言之文字也。

2、《資治通鑑舉要補遺》一百卷

〈先公行狀〉云：「每患史傳浩博，學者不知統要。而司馬公編年通鑑，正書敍述太詳，目錄

首尾不備，晚年著《舉要》歷八十卷，將以趨詳略之中矣。然尚有重複及遺缺者。意司馬公方事筆削，入秉鈞軸，尋薨於位，不得爲成書也。遂略用《春秋》條例，就三書修成一百卷，名曰《資治通鑑舉要補遺》。自爲之序，以廣司馬公願忠君父，稽古圖治之意。」

3、《春秋傳》三十卷

初，王荊公以《字說》訓釋經義，自謂千聖一致之妙，而於春秋不可以偏旁點畫通也，則詆爲斷爛朝報。廢之不列於學官。下逮崇寧，防禁益甚。而安國自少留心此經，每曰：「先聖親手筆削之書，乃使人主不得聞講說，學士不得相傳習，亂倫滅理，用夷變夏，殆由乎此。」（《先公行狀》）於是，由反王安石，而潛心刻意，裒古今諸儒所製述，無慮百家，片言之善，采拾靡遺，害義切深，必加辨正，或去或取，無一毫好惡之偏。蓋以語孟準則之，以五經權衡之，以歷代之史證成之，窮研玩味，游泳沈酣者三十年。及得伊川先生所作傳，其間精義十餘條，若合符節，益以自信，探索愈勤。至年六十有一而書始就（《伊洛淵源錄》卷十三）。是以靖康、建炎年間，安國每以《春秋》大義論國是。而於紹興二年（時年五十有九），除兼侍講，專講《春秋》。紹興五年（時年六十有二），奉命纂修《春秋傳》。紹興六年十二月上之御府。故《春秋傳》三十卷可謂經筵進講之作。

文定自述其治春秋之始末云：「某之初學也，用功十年，遍覽諸家，欲多求博取以會要妙，然但得其糟粕耳。又十年，時有省發，遂集衆傳，附以己說，猶未敢以爲得也。又五年，去者或取，取者或去，己說之不可於心者，尚多有之。又五年，書向成，舊說之得存者寡矣。及此二年，所習似益察，所造似益深，乃知聖人之旨益無窮，信非言論所能盡也。」（〈先公行狀〉）由此，知文定用功之勤，故其所得益深，故高宗得之，嘗曰：「安國明於《春秋》之學，比諸儒所得尤邃。」愛之不忍釋手，甚謂「安國所解，朕置之座右。雖間用傳注，頗能發明經旨。朕喜春秋之學，率二十四日讀一過」（《皇宋兩朝中興聖政》卷二十二）。

於是，當時命題取士，並三傳而用之（按：《四庫全書總目》卷二十八，《春秋大全》七十卷下云：「攷宋胡安國春秋傳，高宗時雖經奏進，而當時命題取士，實兼用三傳，《禮部韻略》之後所附條可考也」。）洎元，遂與《左氏》、《公羊》、《穀梁》並稱爲四傳（同上。《春秋集傳釋義大成》十二卷下云：「吳澄〈序〉謂：兼列胡氏以從時尚，而四傳之名，亦權輿於澄〈序〉中。」仁宗延祐二年（西元一三一五年），定經疑、經義取士條格，《春秋》亦用《三傳》及《安國傳》（《元史選舉志》）。明永樂中，胡廣《春秋大全》出，遂專主《安國傳》，而科場定爲程式矣。

㈡學統

安國之春秋學統，蓋淵源於泰山先生孫明復，及河南二程先生也。胡寅《斐然集》卷廿五〈先

〈公行狀〉云：

「元祐盛際，師儒多賢彥。公所從遊者，伊川先生之友朱長文及潁川靳裁之。」

按：朱長文者，宗伯原，吳縣人，稱樂圃先生，嘉祐進士。從泰山先生學《春秋》，深得《春秋尊王發微》（**按**：孫復嘗著《春秋尊王發微》十二卷）之旨（見《宋元學案．泰山學案》）。故王梓材云：「朱樂圃得泰山《春秋》之傳，則先生為泰山再傳弟子，可知其《春秋》之學之所自出矣」（《武夷學案》）是也。又靳裁之者，潁川人，少聞伊洛程氏之學，文定入太學時，以師事之，與論經史大義（〈先公行狀〉、《明道學案．下》及〈武夷學案〉）。由是觀之，文定之學，固出自泰山及二程也。

特文定為荊門教授，楊時龜山代之。因龜山得識謝上蔡艮佐及游定夫酢。遂與之遊（**按**：文定使湖北，上蔡為應城宰，嘗執後進之禮。而〈龜山行狀〉則言文定傳其學）。然三人者並程門高弟，是文定不及二程之門也（〈先公行狀〉、〈武夷學案〉）。然文定又嘗云：

「吾于謝、游、楊三公，義兼師友，實尊信之。若論其傳授，卻自有來歷。據龜山所見在《中庸》，自明道先生所授；吾所聞在《春秋》，自伊川先生所發。」（〈龜山學案〉）。

文定于謝、游、楊三公，但云義兼師友。而論傳授，卻自有來歷。則不以三子爲心折可知。又欲直承二程之門也甚明矣。特二程之中，其《春秋》學，所得於伊川者又特多。然文定私淑程門之意又粲然矣。胡寅〈先公行狀〉，述其早年服膺《春秋》，於是潛心刻意，備徵先儒。然又云：

> 「歲在丙申（按：『丙申』，徽宗政和六年，西元一一一六年，文定時年四十有三），初得伊川先生所作傳，其間大義十餘條，若合符節。公益自信，研窮玩索者二十餘年，以為天下事物，無不備於《春秋》。喟然歎曰：此傳心要典也。」

按：文定敍傳授亦云：「微詞多以程氏之說爲證。」則文定友于謝、游、楊三公，而上承洛學甚明。故全謝山云：「私淑洛學而大成者，胡文定其人也。」（〈武夷學案〉）又云：「南渡，昌明洛學之功，文定幾侔于龜山」（同上）是矣。

攷安國雖爲建州崇安人，然宦遊荊楚，講學衡嶽之下。父歿，葬之荊門。紹興初，因徙家衡嶽下。二弟安止、安老從焉，且俱以經術行義著稱。安國三子胡寅、胡寧、胡宏，從子胡憲，俱承父學，並宦遊於湖南。五峯並優游衡嶽二十餘年。於是，後人遂以胡氏一脈，以湖南學名之。其後，南宋大儒如朱熹、如張栻、如呂祖謙，皆出自於湖南學。故安國實承泰山、二程，而爲湖南學之開創者。此即全祖望所謂「私淑洛學而大者」之意也。然胡氏一門，至中大始讀書爲進士業。故南軒撰廣仲墓志，嘗謂「胡氏至文定公始大。」

本章附註

①宋史本傳云：政和元年，張商英相，除提舉成都學事，二年，丁內艱，移江東。按：游廌山集胡淵墓志銘云：「後朝廷復其子官，總益部而涉遠道險，恐難以奉安輿，將歸誠控聞，又恐不知者，隨而媒孽之，以貽親憂，躊躇未決。公察其意，乃曰：世間禍福，非人謀所及，汝自擇於義可也。卒聽其子棄官就養。」又胡寅〈先公行狀〉云：「政和元年，張商英相，除公提舉成都府路學事。公以親年寖高，旁無佽助，叱馭泝峽，皆所甚難。即乞侍養。曰：臣而留令，無所逃誅，子若委親，亦將安用。得請。」據此，雖游文之「自擇於義」，與〈行狀〉之「得請」，略有出入。然於安國未嘗赴成都任所則一也。

②安國上所纂《春秋傳》之時間，《宋史本傳》未及之。《四庫總目》則據《玉海》，謂「案《玉海》載紹興五年四月，詔徽猷閣待制胡安國，經筵舊臣，令以所著《春秋傳》，纂述成書進之，十年三月書成上之。詔獎諭除寶文閣直學士，賜銀幣。是安國此書久已屬稾，自奉敕撰進，又覆訂五年而後成也。」按：胡安國進表，明云：

「紹興六年十二月。」蓋四庫館臣未見是表，致沿《玉海》之訛誤也。唯安國實卒於紹興八年四月十三日，而《總目》云：「十年三月，書成上之。」是並安國卒時亦不知矣。

第二章　胡安國治《春秋》之態度與方法

一、態度

漢儒治《春秋》學者，皆主顓家。或尚《左氏》，或右《公》、《穀》；各奮所雄，以自鳴其學。其時，董生雖有「無傳而著」①之言，鄭君亦有各許所長之見②；然抱殘守闕之風未息，而翻新之習未尙。故杜預、范寧、孔穎達、楊士勛之流，猶斤斤於三家之門戶。洎唐大歷中，啖助始謂儒者治《春秋》，當以「通經爲意。」嘗謂「三傳分流，其源則同，擇善而從，且過半矣。歸乎允當，亦何常師。」（陸淳《春秋纂例》啖氏《集傳集註》義第三）於是，顓家之藩籬遂破。啖氏又謂「傳文有一句是，一句非，皆擇其當者留之，非者去之，疑者則言而論之」（陸淳《春秋纂例》啖趙取舍三傳義例第六》）。於是，刪合三傳以成一傳之風起。趙匡、陸淳繼揚其緒，通學之大纛於焉遂倡。

宋儒治《春秋》學者，要皆直承啖助、趙匡、陸淳三子之鴻緒。如始治春秋之孫明復，所著《春秋尊王發微》一書，其經文即不主一家，而雜采三傳；且培棄三傳，獨斷論述，以發明治亂興衰之道爲標的。繼復而起，以治《春秋》名家者爲劉敞。權衡一書，平三家之得失，要皆依經以立義；又刪節三傳，斷以己意，以成《春秋劉氏傳》。其後，有宋五子之伊川先生，既謂「學春秋者，必優游涵泳，默識心通，然後能造其微」（《春秋傳序》），又答學子問，謂《左傳》不可全信，信其可信者耳；而《公》、《穀》又次于《左氏》（《河南程氏遺書》第二十）。由是觀之，自啖子以「以通經爲意」倡，波漸及宋，遂成一代之風尚。蓋三傳之釋經，「誠各有得失，不可偏執一家，盡以爲是，而其餘盡非」（陳澧《東塾讀書記》卷十）故也。此亦宋儒治春秋之態度，所以異於漢儒也。

胡安國之治《春秋》，既師於吳郡朱長文，以承泰山孫明復之學；又私淑於河南程氏之門。因程氏傳甚略，而更爲作傳③。是以，其治《春秋》之態度，一本孫泰山、劉原父、程伊川諸儒之面目。故其經文，兼采三傳，不主一家。如：

隱公元年：「三月，公及邾儀父盟于蔑。」

按：《公羊》作邾婁儀父。文定此從《左氏》、《穀梁》也。

隱公二年：「九月，紀履緰來逆女。」

按：《左氏》作紀裂繻。文定此從《公羊》、《穀梁》也。

隱公二年：「紀子伯莒子盟于密。」

按：《左氏》作紀子帛。文定此從《公羊》、《穀梁》也。

隱公三年：「夏，四月，辛卯，尹氏卒。」

按：《左氏》作君氏卒。文定此從《公羊》、《穀梁》也。

隱公五年：「春，公觀魚于棠。」

按：觀，《左氏》作矢。文定此從《公羊》、《穀梁》也。

隱公五年：「秋，衞師入郕。」

按：郕，《公羊》作盛。文定此從《左氏》、《穀梁》也。

隱公六年：「春，鄭人來輸平。」

按：輸，《左氏》作渝。文定此從《公羊》、《穀梁》也。

桓公二年：「秋，七月，杞侯來朝。」

按：《公羊》、《穀梁》並作紀侯。文定於經文用《左氏》，而於傳中云：「《公》、《穀》、程氏皆以杞爲紀。」

莊公六年：「冬，齊人來歸衞俘。」

按：俘，《公羊》、《穀梁》並作「寶」。文定則從左氏。且謂「俘者，正文也，寶者，釋詞也」。

莊公十有六年：「冬，十有二月，會齊侯、宋公、陳侯、衞侯、鄭伯、許男、滑伯、滕子，同盟于幽。」

按：《公羊》作「公會」。文定此從《左氏》、《穀梁》也。

昭公二十有四年：「叔孫舍至自晉。」

按：「叔孫舍」，《左氏》、《穀梁》並作「婼」，文定此從《公羊》。

由是觀之，春秋之經文，三傳互有出入，胡氏則雜採之，不顓主一家。此自孫明復、劉原父、程伊川以來，莫不皆然。此固一時風尚之所致也。洎《胡傳》通行之後，明人遂有胡氏經文之稱。故明永樂中，胡廣等奉敕撰《春秋大全》，其發凡云：「經文以胡氏爲據」是也。

若文定之傳，則以通經爲主。嘗本伊川「傳爲案，經爲斷」（《河南程氏遺書》第十五）之說，而云：「經以傳爲案，傳有乖謬，則信經而棄傳可也。」（襄公三十一年：「莒人弒其君密州」傳）又云：「《左氏傳》博通諸史，敍事尤詳，能令後人得見本末，因以求意，經文可知。而門弟子轉相傳授，日月既久，浸失本眞。如書晉趙盾、許世子止等事，詳考傳之所載，以求經之大義，可也；而傳不可疑。如莒人弒其君密州，獨依經之所書，以證傳之繆誤，可也；而傳不可信。盡以爲可疑而廢傳，則無以知其事之本末；盡以爲可信而任傳，則經之弘意大旨，或泥而不通矣。要在詳考而精擇之，可也。」（同上）此所謂左氏敍事見本末，學經以傳爲案，則當閱左氏（敍傳授）者也。若夫《公羊》、《穀梁》，則詞辨而義精，故玩詞以義爲主，則當習《公》、《穀》（同上）是也。故嘗敍所作傳謂「事按《左氏》，義採《公羊》、《穀梁》之精者，大綱本《孟子》，而微詞多以程氏之說爲證」（敍傳授）。由此觀之，胡氏治《春秋》之態度，既主通經，亦不廢傳；雖任傳，又不泥於傳。無何邵公、杜元凱等，伸傳抑經之弊；亦無啖、趙、孫復等，盡去三傳之病。似得治春秋之法矣。

然嘗考胡氏傳，其折衷三家，歸諸聖經，雖頗能發明夫子筆削之大義，以抉摘三傳之疏漏，而歸之於至當。抑又多蹈三家之偏失。蓋以意取之，或以意去之，雖欲「詳考而精擇之」，要亦不能無失故也。且既以通學爲門戶，則於並世老師碩儒之新意，亦不能無取焉。然去古既遠，縱臆能屢中，亦不無一失。胡氏採之，遂至瑾瑜不足以掩瑕疵。誠可惜也。玆就文定治《春秋》之態度，所得之利弊，分正三傳之謬誤，蹈三家之偏失，因時賢之臆說，述一己之所得四目，略述於後。

㈠正三傳之謬誤

《左氏》敍事也博，故道德仁義、憲章墳典、故實文獻、德行名言等，粲然可觀。然其發明義例，時有未當④。文定每能糾而正之。《公羊》、《穀梁》，釋經者也。詞辨義精，先儒多稱之。然多非常異義可怪之論。故踳駁齟齬者，所在多有。文定謂「取其義之精者。」是以，義有所不精，理有所未當，亦多刊而正之也。如：

文公二年：「公子遂如齊納幣。」《傳》云：

「婚姻常事不書，其書納幣者，喪未終而圖婚也。夫娶在三年之外矣，則何譏乎？《春秋》論事，莫重乎志，志敬而節具，與之知禮；志和而音雅，與之知樂；志哀而居約，與之知喪。非虛加之也，重志之謂也。」

按：僖公薨於三十三年，冬，十二月、乙巳。文公納幣於二年冬，據荀子《禮論》云：「三年之喪，二十五月而畢。」則是喪制未闋。故文定譏之以「喪未終而圖婚。」然《左氏》於襄仲之納幣，則曰禮也。且爲之發凡例曰：「凡君即位，好舅甥，修婚姻，娶元妃，以奉粢盛，孝也。

孝，禮之始也。」不亦悖乎？杜元凱明知左氏之悖禮，乃强爲之文，於僖公之薨，云：「乙巳，十一月十二日，經書十二月，誤。」於襄仲之納幣，則曰：「傳曰禮也。僖公喪終此年十一月，則納幣在十二月也。」杜氏之强經就傳，終不如文定之譏，爲義正詞嚴。然文定之說，乃本之董子《繁露・玉杯》篇⑤也。由是知文定固以《公羊》之說以正《左氏》之誤也。宣公十有一年：「楚子入陳。納公孫甯、儀行父于陳。」《傳》云：

「此二臣者，從君於昏，宣淫於朝，誅殺諫臣，使其君見弒。蓋致亂之臣也。肆諸市朝，與眾同棄，然後快於人心。今乃詭詞奔楚，託於討賊復讎，以自脫其罪。而楚莊不能察其反覆，又使陳人用之；是猶人有飲毒而死者，幸而復生，又強以毒飲之，可乎？故聖人外此二人於陳。而特書曰納。納者，不受而強納之者也。為楚莊者宜柰何？瀦徵舒之宮，封洩冶之墓，尸孔寧、儀行父于朝，謀於陳眾，定其君而去，其庶幾乎？」

按：陳靈公與孔寧、儀行父宣淫於朝，殺忠諫之洩冶，因致徵舒之弒靈公。靈公既弒，二子奔楚。楚子於是入陳，殺徵舒，縣陳國。因申叔時之諫而復封之，乃納二子。故文定以二子爲「託於討賊復讎，以自脫其罪」，非誣也。然則，二子固陳之亂臣賊子也，而楚子又使陳人用之。故文定譏之曰：「人有飲毒而死者，幸而復生，又强以毒飲之」，是矣。然左氏以楚子之納二子爲禮，不亦悖乎？若夫杜氏，既知「二子淫昏，亂人也。」又謂「君弑之後，能外託楚，以求報君之讎。」爲「功足補過。」可謂荒謬之至。顧亭林嘗責之謂「適足使後世詐諼不忠之臣，得援以自解」（《日知錄》卷四）是也。要之，文定「瀦徵舒之宮，封洩冶之墓，尸孔甯、儀行父于朝，謀於陳衆，定其君而去」之言，可謂近道矣。然文定之說，固本《穀梁》「入人之國，制人之上下，使不得其君臣之道，不可」之義，以發明討賊之義也。

右例，以《公羊》、《穀梁》之義，正《左氏》之失者也。

※※※　　※※※　　※※※

僖公二十有二年：「宋公及楚人戰于泓。宋師敗績。」《傳》云：

「泓之戰，宋襄公不阨人於險，不鼓不成列，先儒以謂至仁大義，雖文王之戰不能過也。而春秋不與何哉？物有本末，事有終始，順事恕施者，王政之本也。襄公伐齊之喪，奉少奪長，使齊人有殺無虧之惡，有敗績之傷，此晉獻公之所以亂其國者，罪一也。桓公存三亡國，以屬諸侯，義士猶曰薄德，而一會虐二國之君，罪二也。曹人不服，盍姑省德，無闕然後動，而興師圍之，罪三也。凡此三者，不仁非義，襄公敢行，而獨愛重傷與二毛，則亦何異盜跖之以分均出後為仁義，陳仲子以避兄離母，居於陵為廉乎？夫計末遺本，飾小名，妨大德者，春秋之所惡也。故詞繁不殺，而宋公書及以深貶之也。」

按：此條文定據左氏之事，《穀梁》之義，以正《公羊》之誤者。穀梁謂「信之所以為信者，道也；信而不道，何以為道；道之貴者，時其行勢也」（卷九）。范氏《集解》云：「宋公守匹夫之狷介，徒蒙恥於夷狄，焉識大道之方，至道之術哉」是矣。

定公十有三年：「晉趙鞅歸于晉。」《傳》云：

「先儒或謂言歸者，以地正國也。鞅取晉陽之甲，以逐君側之惡人，則其說誤矣。以地正國而可，是人主可得而脅，人臣擅興無罪，以兵諫者真愛其君也。使後世賊臣稱兵向闕，以誅君側為名，實欲脅君取國者，則此說啟之也。大失《春秋》之意矣。」

按：《左氏》趙鞅謂邯鄲午曰：歸我衛貢五百家，吾舍諸晉陽。午許諾。歸告其父兄，皆不可。趙孟怒，殺午，圍邯鄲。午，荀寅之甥，荀寅，士吉射之姻也，而相與睦，遂伐趙氏。鞅奔晉陽，晉人圍之。又知文子、韓簡子、魏襄子與荀寅、范吉射相惡，將逐荀、范。請於晉侯。於是，荀、范逐而鞅入。由是觀之，趙鞅、荀、范，皆亂人也。而鞅以有援，故得復入。其復入也，文定以爲「以罪晉侯縱失有罪，無政刑耳」是矣。而《公》、《穀》以爲：「以地正國。」不亦悖乎？然則，文定本條，蓋據《左氏》之事，以正二傳之誤也。而其辨「以地正國」之非，尤爲名教之所繫。若謂「以地正國」而可，則王應麟嘗承文定之說而發明之云：「漢之亂賊，晉之彊臣，唐之悍將，假此名以稱亂，甚於詩禮發冢者」（《困學紀聞》卷六）是矣。哀公二年：「晉趙鞅帥師納衞世子蒯聵于戚。」《傳》云：

> 「今趙鞅帥師以蒯聵復國而書納者，見蒯聵無道，為國人之所不受也。國人不受而稱世子者，罪衛人之拒之也。所以然者，緣蒯聵出奔，靈公未有命廢之而立他子；及公之卒，大臣又未嘗謀於國人，數聵之罪，選公子之賢者以主其國。乃從輒之所欲而君之，以子拒父，此其所以稱世子也。……蒯聵之於天理逆矣，何疑於廢黜。然父雖不父，子不可以不子。輒乃據國而與之爭，可乎？」

哀公三年：「齊國夏，衞石曼姑帥師圍戚。」《傳》云：

「古者，孫從祖，又孫氏王父之字，考於廟制，昭常為昭，穆常為穆，不以父命辭王父命，禮也。輒雖嫡孫得立，然非有靈公之命，安得云受之王父辭父命哉！……烏有父不慈，子不孝，爭立其國，滅天理而可為者乎？」

按：衞輒之拒父，二傳以爲「以王父命辭父命。」文定不從者，考《左氏》，衞靈公遊于郊，有立子郢之言，故知輒非有靈公之命，此以《左氏》爲案，以正二傳之非者。又孔子以伯夷、叔齊爲求仁得仁爲無怨，以對子貢之問者，蓋伯夷尊父命，而叔齊重天倫故也。然兄弟尚且互讓，況父子；豈可相爭乎？文定之辨，可謂大有功於名敎矣。黃氏仲炎亦云：「公羊子妄生衞輒以拒蒯聵爲尊祖，天下豈有無父之理哉！漢儒雋不疑至引此以斷戾太子事，蓋公羊誤之也」（《春秋通說》卷十三）是矣。

(二)蹈三家之偏失

三傳釋經，各有偏失，如《左氏》之凡例，從赴諸說，皆未可視爲通例；若以通例視之，則乖舛難喻⑥。而記一時之言貌視聽，尤多相悖。《公羊》則或不知時人⑦，或議論乖戾。《穀梁》則或拘於日月，或泥於文例⑧，其駁雜難通爲尤甚。宋儒既以通學相尚，雜採三家；而三家又瑾瑜與糟粕互見，於是，去糟粕，取瑾瑜，則當如文定所謂「要在詳考而精擇之」是也。然宋儒之春秋傳，後儒許之最高者，莫如劉敞⑨；然猶沿二傳「以地正國」之謬，見譏於後世。則知「精擇」之難也。嘗攷《胡氏傳》，其蹈三傳之偏失者，亦比比皆是也。今略述之於後。

宣公九年：「陳殺其大夫洩冶。」《傳》云：

「比干諫而死，子曰商有三仁焉。洩冶諫而死，何獨無褒詞。夫語黙死生，當其可而止爾，洩冶之盡言無隱，不愧乎史鰌之直矣。方諸比干，自靖自獻于先王，則未可同日而語也。雖效忠，其猶在宋子哀，魯叔肸之後乎？故仕於昏亂之朝，若異姓者，如子哀潔身而去可也。其貴戚耶，不食其祿，如叔肸善矣。」

按：左氏傳：「孔子曰：詩云：『民之多辟，無自立辟。』其洩冶之謂乎？」杜預因謂「言邪辟之世，不可立法；國無道，危行言遜。」文定本之，故云：「仕於昏亂之朝，若異姓者，如子哀潔身而去可也。」不知傳稱孔子曰云云，乃所以哀之，非所以譏之也⑩。元凱誤讀而誤注之。文定又誤信之。乃至誣忠臣以罪狀，深可怪駭也。故楊于庭云：「若以宋子哀之去爲是，而于洩冶之死諫訾之，是比干不得與微子並稱仁也。率天下爲人臣者，視君之昏而遂契然去之，而不顧，必胡氏之言乎」（《春秋質疑》卷七）是也。襄公七年：「十年二月，公會晉侯、宋公、陳侯、衛侯、曹伯、莒子、邾子于鄬。鄭伯髡頑如會，未見諸侯。丙戌，卒于鄵。」《傳》云：

「按：鄭僖公三傳皆以為弒，而《春秋》書卒者。……僖公欲從諸侯會于鄬，則是貴禮義，為中國之君也。諸大夫欲背諸夏與荊楚，則是近禽獸為夷狄之民也。以中國之君而見弒於夷狄之民，豈有不善之積以及其身者乎？聖人至是傷之甚，懼之甚，故變文而書曰鄭伯髡頑如會，未見諸侯，丙戌，卒于鄵。未見諸侯，其曰如會何？致其志也。諸侯卒于境內不地，鄵，鄭邑也，其曰卒于鄵，見其弒而隱之也。」

昭公元年：「冬，十有一月，己酉，楚子麇卒。」《傳》云：

「按《左氏》：楚令尹圍將聘于鄭，未出境，聞王有疾而還，入問王疾，縊而弒之。然則郟敖實弒而書卒何歟？令尹圍弒君以立，中國力所不加，而莫能致討，則亦已矣。至大合諸侯于申，與會者凡十有三國，其臣舉六王二公之事，其君用齊桓召陵之禮。而宋向戌、鄭子產皆諸侯之良也。而皆有獻焉，不亦傷乎？若革其偽赴而正之弒君，將恐天下後世以篡弒以賊，非獨不必致討，又可從之以主會盟而無惡矣。」

哀公十年：「三月戊戌，齊侯陽生卒。」《傳》云：

「按《左氏》：公會吳伐齊，齊人弒悼公，赴于師。《春秋》不著齊人弒君之罪，而以卒書者，亦猶鄭伯髠頑弒而書卒，不忍以夷狄之民加中國之君也。……故沒其見弒之禍，而以卒書，其旨微矣。」

按：以上三條，經皆書卒，而《左氏》皆作弒，且明載弒君之原委。故胡氏本伊川「傳爲案，經爲斷」（《河南程氏遺書》第十五）之法，考傳文之所載，以推經文筆削之微旨。一如孔子先見《左氏》之傳，而後作《春秋》者然。故顧亭林譏之云：「《左氏》出於獲麟之後，網羅浩博，實夫子之所未見。乃後之儒者，似謂已有此書，夫子據而筆削之。即《左氏》之解經，于所不合者，亦多曲爲之說。而經生之論，遂以聖人所不知爲諱。是以新說愈多，而是非靡定。故今人學《春秋》之言，皆郢書燕說，而夫子之不能逆料者也」（《日知錄》卷四）是矣。然則，鄭伯髡頑、楚子麇、齊侯陽生之事奈何？蓋當時記其事者有不同，孔子則從赴，不以弒逆漫加于人，而《左氏》或存異說，或以百二十國之寶書增入，使與經並傳。實以經有經之法，傳有傳之法，各有所當也（參考顧炎武《日知錄》卷四及陳澧《東塾讀書記》卷十）。

右例，爲蹈《左氏》記事之誤者也。

※※※　※※※　※※※

桓公二年：「春王正月。」《傳》云：

「桓無王，而元年書春王正月，以天道王法正桓公之罪也。桓無王，而二年書春王正月，以天道王法正宋督之罪也。程氏曰：弒逆者，不以王法正之，天理滅矣。督雖無王，天理未嘗亡也。其說是也。」

桓公三年：「春正月。」《傳》云：

「桓公三年而後，經不書王。……桓公弒君而立，至于今三年，而諸侯之喪事畢矣，是入見受命於天子之時也。而王朝之司馬不施殘賊之刑，鄰國之大夫不聞有沐浴之請，魯之臣子，義不戴天，反面事讎，曾莫之恥，使亂臣賊子肆其凶逆，無所忌憚，人之大倫滅矣。故自是而後不書王者，見桓公無王，與天王之失政而不王也。」

桓公十年：「春王正月。」《傳》云：

「桓無王、今復書王何也？十者，盈數也；天道十年，則亦周矣。人事十年則亦變矣。……桓公至是，其數已盈，宜見誅於天人矣。」

桓公十有八年：「春王正月。」《傳》云：

「是年桓公已終，復書王者，……明弒君之賊，雖已沒而王法不得赦也。」

按：以上數條，胡氏皆據《穀梁》「桓無王」以爲說。特《穀梁》以十年之書王爲正曹伯終生之卒，與胡氏異耳。考《公》、《穀》二傳每於闕文之處，探求所謂微言大義，胡氏本之，嘗曰：「凡闕文有斷以大義，削之而非闕者，有本據舊史，因之而不能益者，亦有先儒傳受承誤而不敢增者」（隱公二年：「紀子伯莒子盟于密」傳）。然《春秋》文不備者甚夥，何者爲斷之以大義而削之者，何者爲因舊史而闕之者，又何者爲傳承之誤而不敢增者，則甚不易知也。今謂「桓不書王」之類，皆斷以大義，削之而非闕者；而夏五、郭公之類則爲因舊史而闕者，豈非臆說乎？又以「桓不書王」爲例，則凡書王皆有義。然他公之書王，又爲何義：故陸氏粲譏其遷就爲說（《春秋胡氏傳辨疑》卷上）。顧亭林亦曰：「竊以爲夫子于繼隱之後而書公即位，則桓之志見矣，奚待去其王以爲貶邪」（《日知錄》卷四）是矣。既不必以去王爲貶，則不書王者，闕文也；其書王者，史文之常也。《穀梁》穿鑿，胡氏因之，遂至不可解。

僖公元年：「公子友帥師敗莒師于酈。獲莒挐。」《傳》云：

> 「今至於兵刃既接，又用詐謀，擒其主將，此強國之事，非王者之師，《春秋》之志。」

按：季子之敗莒師，擒莒挐，《左氏》、《公羊》皆有美辭⑪，唯《穀梁》有棄師相搏，以孟勞殺之，因謂惡公子之欺之言，然此說江熙嘗辨之，云：「經書敗莒師，而傳云二人相搏，則師不戰，何以得敗？理自不通也。夫王赫斯怒，貴在爰整，子所愼三，戰居其一。季友令德之人，豈當舍三軍之整，佻身獨鬥，潛刃相害，以決勝負者哉！雖千載之事難明，然風味之所期，古猶今也。此又事之不然，傳或失之」（《穀梁．范注》引）是矣。而文定反信之，因以斷季子之罪。不亦過乎？

襄公六年：「莒人滅鄫。」《傳》云：

「穀梁子曰：莒人滅鄫，非滅也。立異姓以涖祭祀，滅亡之道也。公羊亦云：莒女有為鄫夫人者，蓋欲立其出也。……莒人之以其子為鄫後，與黃歇進李園之妹於楚王，呂不韋獻邯鄲之姬於秦公子，其事雖殊，其欲滅人之祀而有其國則一也。《春秋》所以釋鄫而罪莒歟？」

按：此條楊于庭氏嘗駁之云：「滅鄫者，莒以兵滅之也。故晉人來討。曰：何故亡鄫。季孫宿如晉就命。昭四年九月取鄫。《左氏》曰：莒亂，著丘公立而不撫鄫也。若謂以異姓爲後，而自滅其嗣。故特書曰：莒人滅鄫。如《公》、《穀》、胡氏之說，則亦鑿矣。秦始爲呂不韋之子，朱子作《綱目》，未聞于嬴秦之莊襄王書滅。況聖人如天，豈有以舅出爲後之事，而指之曰滅鄫者哉！又況滅鄫在襄六年，而襄五年經書叔孫豹、鄫世子巫如晉。《公羊》曰：舅出也。莒女爲鄫夫人，立其出也。蓋即指巫言之也。巫以舅出後姑父稱鄫世子，則鄫子卒，而巫嗣。必不書滅鄫矣。」

（《春秋質疑》卷九）故俞臯云：「凡此皆據經覈傳，不可按傳疑經。」（《春秋集傳釋義大成》卷九）然文定反信《穀梁》，以斷褒貶，非矣。

右例，爲蹈《公羊》、《穀梁》二傳之誤者也。

㈢因時賢之新説

自唐儒啖助、趙匡、陸淳倡通學之纛，治《春秋》者既不軌家法，遂競以己意說經。於是，新說蠭出並作，以自樹其幟。其善者固可成一家之言，其支離乖謬者亦時有之。文定以通學爲門戶，則於先賢時儒之說，左右采獲，故亦時因其臆說而不自知。今略述於後。

桓公十有六年：「癸巳，葬蔡桓侯。」《傳》云：

「啖助曰：蔡桓何以稱侯？蓋蔡季之賢，知請謚也。人亦多愛其君者，莫能愛君以禮，而季能行之，此賢者所以異於衆人也。」

按：請謚之說，楊于庭嘗辨之。云：「按春秋二百四十九年之間，止一桓侯謚如其爵，其餘雖如曹伯、薛伯、杞伯、滕子、許男之屬，亡不謚公者，豈無一人請謚于天王乎？胡氏以爲周衰，諸侯皆不請謚。然齊自太公、魯自魯公，歷十餘世而入春秋，亡不謚公者。齊哀公以紀侯之譖，爲周所烹，稱曰公；周天子之威，既可以烹方國之君，而亡忌，豈容其不請謚乎？陳起、胡公、申公、世世謚公。或曰：陳，王者之後，得謚爲公。然《春秋》止書陳侯，不曰陳公也。鄭止伯爵，桓公卒于未遷之前，當時禮樂征伐尚自天子出，何得不請謚，而亦曰公乎？然則死而謚公者，乃公侯伯子男之通稱矣。」（《春秋質疑》卷二）又「蔡季請謚之事，《史記》、三傳皆無之，啖氏何用知之乎？」（陸粲《春秋胡氏傳辨疑》卷上）然則，啖氏亦舒發胸臆而已，更無他證也。而文定反用之。

襄公三十有一年：「莒人弒其君密州。」《傳》云：

「左氏稱莒子生去疾及展輿，既立展輿，又廢之。莒子虐，國人患焉。展輿因國人以攻莒子，弒之，乃立。信斯言，則子弒其父也。而《春秋》有不書乎？故趙匡謂其文當曰：展輿因國人之攻莒子，弒之，乃立。而後來傳寫誤為以字爾。」

按：文定此條，因趙匡改傳就經之說以入傳也。顧亭林嘗謂「傳聞不勝簡書」（《日知錄》卷四）。蓋弒逆乃天下之大惡，孔子豈可漫加於人。若舊史之文作莒人，孔子亦不得而改。或《左傳》以百二十國寶書增紀，故得展輿，亦未可知。此即前節「傳有傳之法，經有經之法」之意也。故陸粲云：「傳有乖謬則信經而棄傳，斯至論也，亦無庸改字矣。改『以』爲『之』，而文終不順，則非《左氏》屬辭之體也。」（《春秋胡氏傳辨疑》卷下）然文定卻以匡說爲傳而不忤也。

莊公三十有二年：「秋，七月，癸巳，公子牙卒。」《傳》云：

「牙有今將之心，而季子殺之，其不言刺者，《公羊》以為善之也。季子殺母兄，何善爾？誅不得避兄，君臣之義也。曷為不直誅而酖之，使託若以疾死然，親親之道也。陸淳曰：季子恩義俱立，變而得中，夫子書其自卒，以示無譏也，得之矣。」

按：文定此條，義用《公羊》，而斷用陸淳也。

右例，爲因唐儒之新說者也。

※※※　　※※※　　※※※

隱公元年：「春王正月。」《傳》云：

「乃以夏時冠周月，何哉？聖人語顏回以為邦，則曰行夏之時；作《春秋》以經世，則曰春王正月，此見諸行事之驗也。」

按：文定此說，蓋本之伊川也。詳見批評章，尊聖而忘其僭逆節。

隱公五年：「夏，四月，葬衞桓公。」《傳》云：

「衛亂，是以緩。魯往會，故書。聖人存而弗削者，弒逆之賊討矣。謚者，行之迹，所以紀實德，垂勸戒也。名之曰幽厲，雖孝子、慈孫，百世不能改。失位而見弒，何以為桓？列爵惟五，皆王命也。衛本侯爵，何以稱公？見臣子不請於王而私自謚者爾。程氏曰：正終，大事也，必於正寢而不沒於婦人之手，豈苟然乎？死而加之不正之謚，知忠孝者不忍為也。《春秋》於邦君薨，正以王法而書卒，至於葬則從其私謚而稱公。或革或因，前以貶不臣順之諸侯，後以罪不忠孝之臣子，詞顯而義微，皆所以遏人欲，存天理，大居正也。」

按：衞桓之葬，《左氏》云：「衞亂，是以緩。」而《穀梁》謂：「月葬，故也。」義與《左氏》同，但起月葬例而已。而文定乃本諸程氏，謂前稱卒爲貶不臣順之諸侯，葬稱謚，爲罪不忠孝之臣子，要之三傳未嘗及也。

隱公七年：「春，王三月，叔姬歸于紀。」《傳》云：

「叔姬、伯姬之娣，非夫人也。則何以書？古者，諸侯一娶九女，必格之同時者，所以定名分，窒亂源也。今叔姬待年於宗國，不與嫡俱行，則非禮之常，所以書也。眉山蘇轍以謂書叔姬，賢之也。若賢不得書，必貴而後書，則是以位而蔑德也。小國無大夫，至於接我則書，是位不可以廢事也。位不可以廢事，而獨可以廢賢乎？如叔姬不歸宗國，而歸于酅，以全婦道，賢可知矣。賢而得書，亦《春秋》之法也。」

按：叔姬之歸于紀，《左氏》、《公羊》無傳，《穀梁》則謂「逆之道微，無足道焉。」故不書迎。文定則從子由賢得書於《春秋》之說以入傳。

文公十有五年：「齊人歸公孫敖之喪。」《傳》云：

「公孫敖，慶父之後，行又醜矣。出奔他國，其卒與喪歸，皆書于策者。許翰以謂文伯、惠叔二子之哀，誠無已也。故魯人從其請，國史記其事，仲尼因而不革者，以敖著教也。《易》曰有子，考無咎。周公命蔡仲曰爾尚蓋前人之愆。」

按：此條《公羊》以爲「脅我而歸之」。文定不從。而以時人許翰之說入傳。然文定每謂孔子作《春秋》，公天下以爲萬世法，豈區區私一文伯惠叔哉！不情甚矣。

成公十有七年：「九月，辛丑，用郊。」《傳》云：

「郊之不時，未有甚於此者，故特曰用郊。用者，不宜用也。或曰：蓋以人享，叩其鼻血以薦也。古者六畜不相為用，況敢用人乎？」

按：「用郊」，三傳皆無用人以薦之說。其說蓋創始於劉敞。其言云：「用者曷？謂用人也。用之爲言猶用也，以人享也。其以人享奈何？或曰殺之也。或曰蓋叩其鼻血以薦也。」（《春秋傳》卷九）攷劉氏說，蓋緣僖公十九年：「邾人執鄫子，用之。」《左氏》載司馬子魚之言，有「古者六畜不相爲用，小事不用大牲，而況敢用人乎？」又《穀梁》有「用之者，叩其鼻以衈社也」之言。原父蓋本之此也。而文定又本之原父矣。然陸粲云：「魯成雖未爲令主，非有宋襄、楚靈之暴，何至以人饗乎？」（《春秋胡氏傳辨疑》卷下）。且三傳又未載，則原父亦附會耳。

定公八年：「從祀先公。」《傳》云：

「蜀人馮山曰：『昭公至是始得從祀於太廟。』其說是也。季氏逐君而制其死生之命，公薨乾侯，不得終於正寢，既薨七月，又不得以時歸葬，既葬絕其兆域，又不得同於先君而在其墓道之南，至孔子為司寇，然後溝而合諸墓，則其主雖久，未得從昭穆，而附祭宜矣。及意如已卒，陽虎專季氏，將殺季孫斯而亂魯國，託於正以售其不正，始以昭公之主，從祀太廟。蓋欲著季氏之罪，以取媚於國人。」。

按：三傳皆以順祀爲順祀閔僖。《左氏》且謂陽虎將逐三桓，故「順祀先公而祈焉。」然劉敞《權衡》已駁之，謂「虎之謀三桓，宜使三桓不知，今明白而祈，三桓聞之，虎何以能集其意邪。」且「祈則謀泄，謀泄則事危，虎必不爲也。」是《左氏》去孔子不遠，其言已不可盡信。今胡氏乃以蜀人馮山之言入傳，又推演陽虎欲著季氏之罪，以媚國人之說，謬矣。故楊氏于庭曰：「不信三傳，而信千餘年後之馮山，此余所斷乎其不敢從者。」且「本欲誅亂臣賊子，而反令亂臣賊子解脫也」（《春秋質疑》卷十一）是也。

右爲因時儒新義之例。

綜前所述，知文定治《春秋》之態度，以通學為門戶。故自三傳以下，先正時賢之說，多所採獲。然三傳分流，已互有齟齬；啖、趙以來，尤多異論。文定雖欲「詳考精擇」，亦不免菁蕪並存也。

(四)述一己之所得

自啖助倡「通經為意」之說，儒者解經乃多創新意。此自趙匡、陸淳，至孫復、劉敞諸賢，莫不皆然。文定既師「通經」之成法，故每以時賢之新說入傳，已略述如上文矣。然又時以一己之所得釋經，用發前儒之所未發者，亦甚夥也。茲略述如下：

桓公二年：「滕子來朝。」《傳》云：

> 「今桓公，弟弒兄，臣弒君，天下之大惡，凡民罔弗憝也。己不能討，又先鄰國而朝之，是反天理，肆人欲，與夷狄無異，而《春秋》之所深惡也。故降而稱子，以正其罪。四夷雖大皆曰子，其降而稱子，狄之也。」

按：《左氏》、《公羊》、《穀梁》三家，於滕子之來朝皆無傳。特杜預之釋《左氏》、范寧之解《穀梁》，因隱公十有一年經嘗載滕侯來朝事。因彼之稱侯，今則稱子，故有「時王所黜」之說。而文定則於三傳、杜、范之外，別立朝桓獲罪，爲《春秋》所貶之說，是發先儒之所未發也。又：桓公七年：「夏，穀伯綏來朝，鄧侯吾離來朝。」《傳》云：

「《春秋》之法，諸侯不生名。穀伯、鄧侯何以名？桓，天下之大惡也。執之者無禁，殺之者無罪。穀伯、鄧侯，越國踰境，相繼而來朝，即大惡之黨也。故特貶而書名，與失地、滅同姓者比焉。」

按：穀伯、鄧侯之稱名，《左氏》以爲賤之。《公羊》、《穀梁》以爲失地之君。唯胡氏於三傳之外，別創朝桓受貶之新意。是又儒者之所未嘗言也。

僖公十有七年：「夏，滅項。」《傳》云：

「按《左氏》，淮之會，公有諸侯之事，未歸而取項。齊人以為討而止公。然則、滅項者，魯也。二傳以為桓公滅之，孰信乎？考於經，未有書外滅而不言國者，如齊師滅譚是也。亦未有書內取而直言魯者，如取鄟、取邿、取鄫是也。由此知項為魯滅無疑矣。然聖人於魯事有君臣之義，凡大惡必隱避其詞而為之諱。今此滅項，其惡大矣，曷為不諱乎？曰：事有隱諱，臣子施之於君父者也。故成公取鄟、襄公取邿、昭公取鄫，皆不言滅而書取，程氏以為在君則當諱是也。若夫滅項，則僖公在會，季孫所為耳。執政之臣，擅權為惡，而不與之諱。此《春秋》尊君抑臣，不為朋黨比周之意也。」

按：此條，文定於三傳之外，別立季孫滅項之新說。蓋《左氏》所載，於事有徵；而二傳之說，於例未合故也。

昭公十有一年：「冬，十有一月，丁酉，楚師滅蔡，執蔡世子有以歸，用之。」《傳》云：

「既書滅蔡矣，又書執蔡世子有者，世子無降服之狀，強執以歸而虐用之也。或以為未踰年之君，其稱世子者，不君靈公，故不成其子，非也。楚虔殺蔡般，棄疾圍其國，凡八月而見滅，世子在窮迫危懼之中，固未暇立乎其位，安得以為未踰年之君而稱子也。假使立乎其位而般死於楚，其喪未至，不斂不葬，世子亦不成乎為君矣。然世子，繼世有國之稱。必以此稱蔡有者，父母之仇，不與共天下，與民守國，效死不降，至於力屈就擒，虐用其身而不顧也，則有之為世子之道得矣。」

按：有之稱世子，《公羊》以為「未踰年之君」。而《穀梁》以為所以「惡楚子」。《左氏》但敍其事，謂「用隱大子于岡山」。獨文定以稱世子為「父母之仇，不與共天下，與民守國，效死不降，至於力屈就擒，虐用其身而不顧」為得為世子之道。是又三傳之所未有，而為文定之獨見也。

攷文定全書，類上述之例者，為數甚夥。今但略述一二，以明其梗概而已。

二、方法

文定治《春秋》之方法，一言以蔽之，曰：於例中求微言大義。文定以為《春秋》之書法，正例之外，又有變例，有特書。故讀《春秋》者，若執正例而不知變，是以死法觀《春秋》。然《春秋》乃史外傳心之要典，必當以活法觀之。若欲以活法觀之，則不可不通變例與特書。然如何可會得變例與特書，文定以為必「默識心通」與「窮理義精」，而後可「會于言意之表」也（參見明類例與襄公二十九年：「吳子使札來聘」汪克寬《春秋胡傳附錄纂疏引通旨》）。所謂「默識心通」者，蓋熟讀經文，默會其義也。故文定嘗語人治《春秋》之情形。云：

「某之初學也，用功十年，遍覽諸家，欲多求博取以會要妙；然但得其糟粕耳。又十年，時有省發，遂集眾傳，附以己說，猶未敢以為得也。又五年，去者或取，取者或去，己說之不可於心者，尚多有之。又五年，書向成，舊說之得存者寡矣。及此二年，所習似益察，所造似益深，乃知聖人之旨益無窮，信非言論所能盡也。」（胡寅《斐然集·卷二十五先公行狀》）。

由此知文定之治《春秋》，積三十餘年，由初稿至成書，舊說幾無存者。則其辛勤謹慎，字斟句酌，以默識會通其義例可知。眞可謂書讀千遍，其義自見也。

所謂「窮理義精」者，蓋源於程門。伊川嘗語學者云：「且先讀《論語》、《孟子》，更讀一經，然後看《春秋》。先識得箇義理，方可看《春秋》。」（《近思錄》卷三）。又謂「《春秋》以何爲準？無如《中庸》；欲知《中庸》，無如權。」（同上）然所云一經，即《中庸》也。今攷《胡傳》，述綱領一節，嘗載孟軻、莊周、董仲舒、王通、邵雍、張載、程頤等七子論《春秋》之語，以爲「即詞以觀義，則思過半矣。」今讀《胡傳》，全書之斷案，要皆本諸《論語》、《孟子》、《中庸》、及先正昔賢之佳言也。

綜前所述，知文定之治《春秋》，以昔聖先賢之理，默識《春秋》之義，兩相會通。若求諸正例，理有所不通，遂濟之以變例，或特書。於是，得於「例中見法，例外通類」（明類例）也。故文定治《春秋》之方法，要言之，得區爲四目：曰：考之經傳，以發《春秋》之微言。曰：悟之義理，用探聖意之幽深。曰：嚴一字褒貶，以昭《春秋》之大義。曰：繩之條例，以闡《春秋》之奧旨。今茲分述如後：

㈠考之經傳，以發《春秋》之微言

夫聖人之著作曰經，賢人之述作曰傳。胡文定之《春秋》學，時考之昔聖先賢之言，以證成其意，以發明《春秋》之微言。如：

隱公二年：「紀履緰來逆女。冬，十月，伯姬歸于紀。」《傳》云：

> 「按穀梁子，逆女親者也，使大夫，非正也。魯哀公問，冕而親迎，不已重乎？孔子對曰：合二姓之好，以為宗廟社稷主，君何謂已重乎？文定厥祥，親迎于渭，造舟為梁，不顯其光，則世子而親迎也。韓侯娶妻，蹶父之子，韓侯迎止，于蹶之里，則諸侯而親迎也。有夫婦、然後有父子，有父子，然後有君臣。夫婦，人倫之本也。逆女必親，使大夫，非正也。」

按：本條，文定雖以穀梁子之說爲斷，然又本諸《禮記・哀公問》，《詩經・大雅・大明篇》，《韓奕篇》及《周易・序卦》之說，以證成其意，以發《春秋》之微旨也。

隱公六年：「鄭人來輸平。」《傳》云：

「諸侯修睦以蕃王室，所主者義爾，苟為以利，使為人臣者，懷利以事其君，為人子者，懷利以事其父，為人弟者，懷利以事其兄，諸侯必曰何以利吾國，大夫必曰何以利吾家，士庶人必曰何以利吾身，上下交征利，不至於簒弒奪攘則不厭矣。故特稱輸平，以明有國者，必正其義，不謀其利，杜亡國敗家之本也。」

按：「正其誼不謀其利，明其道不計其功」本董子告江都易王之言⑫。而君臣父子懷利之說則出自孟子⑬。要之皆爲國者之所必守者。今鄭來輸平，「輸」者，納也，「平」者，成也。故知鄭人以利相結，以解危釋仇也。此文定本孟子、董子之言以發《春秋》之微旨者也。

隱公八年：「九月，辛卯，公及莒人盟于浮來。」《傳》云：

「莒，小國。人，微者。而公與之盟，故特言及，以譏失禮，且明非大夫之罪也」。

《易》曰：謙尊而光，卑而不可踰。隱公可謂謙矣。何以譏之？為失禮。曰：謙亨君子，以裒多益寡，稱物平施。屈千乘之尊，下與小國之大夫盟，豈稱物平施之謂乎？太卑而可踰，非謙德矣。」

按：盟于浮來，《穀梁》嘗云：「可言公及人，不可言及大夫。」蓋言公及大夫，則大夫可以敵諸侯矣。故文定作傳，一本《穀梁》之義，特又攷之《周易．謙卦》之象與彖，以證成其說，以明《春秋》之微旨也。

桓公六年：「秋，八月，壬午，大閱。」《傳》云：

「大閱，簡車馬也。周制，大司馬，中冬大閱，教眾庶修戰法，獨詳於三時者，為農隙故也。書八月，不時矣。以鼖則王執路鼓，諸侯執賁鼓；以旗則王載大常，諸侯載旗；以殺則王下大綏，諸侯下小綏。其禮固亦不同也。書大閱，非禮矣。先王寓軍政於四時之田，訓民禦暴，其備豫也。懼鄭忽、畏齊人，不因田狩而閱兵車，厲農失政甚矣。何以保其國乎？《春秋》非特以不時非禮書也。乃天未陰雨，徹彼桑土，綢繆牖戶之意。」

按：桓公之「大閱」，《左氏》曰：「簡車馬也。」《公羊》亦云：「簡車徒也。」唯又云：「蓋以罕書也。」以釋所以著於《春秋》耳。而《穀梁》一則云：「閱兵車也。」又云：「平而修戎事，非正也。」又謂：「其日，以爲崇武，故謹而日之，蓋以觀婦人也。」故三傳於大閱，大同而小異。然皆不若文定攷之《周禮・夏官》大司馬之職，以證其「不時非禮」與未雨綢繆之經世大義也。

莊公二十有二年：「春，王，正月，肆大眚。」《傳》云：

「肆眚者，蕩滌瑕垢之稱也。《舜典》曰：眚災肆赦。《易》於解卦曰：君子以赦過宥罪。〈呂刑〉曰：五刑之疑有赦，五罰之疑有赦。《周官》司刺掌赦宥之法，一宥曰不識，再宥曰過失，三宥曰遺忘。一赦曰幼弱，再赦曰老耄，三赦曰惷疑。未聞肆大眚也。大眚皆肆，則廢天討，虧國典，縱有罪，虐無辜，惡人幸以免矣。後世有姑息為政，數行恩宥，惠姦軌，賊良民，而其弊益滋，蓋流於此。故諸葛孔明曰：治世以大德，不以小惠。其為政於蜀，軍旅數興而赦不妄下，蜀人久而歌思，猶周人之思召公也。斯得《春秋》之旨矣。肆眚而曰大，譏失刑也。」

按：肆大眚，《左氏》無傳，《公羊》以爲：「始忌省也。」而《穀梁》則謂：「爲嫌天子之葬也。」蓋謂文姜有罪，先赦除衆惡，而後可葬之也。獨文定考之《尚書》、《周易》、《周禮》，以明赦宥之不可妄興，以免「惠姦軌、賊良民」，其立義遠矣。

莊公三十年：「齊人伐山戎。」《傳》云：

> 「齊人者，齊侯也，其稱人，譏伐戎也。……夫北戎病燕，職貢不至，桓公內無因國，外無從諸侯，越千里之險，為燕闢地，可謂能脩方伯連帥之職，何以譏之乎？桓不務德，勤兵遠伐，不正王法，以譏其罪，則將開後世之君，勞中國而事外夷，捨近政而貴遠略，困吾民之力，爭不毛之地，其患有不可勝言者。故特貶而稱人，以為好武功而不修文德者之戒也。」

按：齊侯之伐山戎，《左氏》、《穀梁》皆以爲山戎病燕，故齊桓乃爲之伐，故《穀梁》有「善之」之說。特《公羊》有子司馬子曰「蓋以操之爲已蹙矣」之說而貶之。然文定之貶齊侯，又別有所據也。考《論語．季氏篇》，孔子之告冉有，嘗云：「遠人不服，則脩文德以來之。」文定其或本諸此以立義乎？

僖公二年：「城楚丘。」《傳》云：

「桓公封衛，而衛國忘亡，其有功於中華甚大，為利於衛人甚博，宜有美詞發揚其事。今乃微之若此者，正其義不謀其利，明其道不計其功，略小惠、存大節，《春秋》之法也。故曰：五伯，三王之罪人。仲尼之徒無道桓、文之事者。」

以孟子有「仲尼之徒無道桓、文之事者」⑭，及「五伯，三王之罪人也」⑮之語。故知桓、文事業未有可褒者。既使有功，亦以董子正其義不謀其利責之。故云「楚丘，衞邑，桓公帥諸侯城之而封衞也，不書桓公，不與諸侯專封也。」

又如城濮之戰，傳云：

「荊楚恃強，憑陵諸夏，滅黄而霸主不能恤，敗徐于婁林而諸大夫不能救，執中國盟主而在會者不敢與之爭。今又戍穀逼濟，合兵圍宋，戰勝中國，威動天下，非有城濮之敗，則民其被髮左衽矣。宜有美詞稱揚其績，而《春秋》所書如此其略，何也？仁人明其道不計其功，正其義不謀其利，文公一戰勝楚，遂主夏盟，以功利言則高矣，語道則三王之

罪人也。」（僖公二十八年）

以聖人有五伯、三王之罪人也之言，董生有「正其義不謀其利」之說，故晉文城濮之勝，雖關夷夏之防，仍謂「及在晉侯，誅其意也」。凡此皆執《語》、《孟》、《中庸》、及先正昔賢經世垂法之嘉言，以求《春秋》之大義者也。

若夫因聖人誅討亂臣賊子之法，以求《春秋》之大義者，如隱公四年：「宋公、陳侯、蔡人、衞人伐鄭。」《傳》云：

「田常弒簡公，孔子沐浴而朝，告於哀公，請討之。公曰：告夫三子者。子曰：以吾從大夫之後，不敢不告也。之三子者告，不可。子曰：以吾從大夫之後，不敢不告也。然則，鄰有弒逆，聲罪赴討，雖先發而後聞可矣。宋殤不恤衛有弒君之難，欲定州吁而從其邪說，是肆人欲，滅天理，非人之所為也。故以宋公為首，諸侯為從，示誅亂臣，討賊子，必先治其黨與之法也。此義行為惡者孤矣。故曰《春秋》成而亂臣賊子懼。」

夫子因田常之弒君，沐浴而朝，汲汲於討弒君之賊⑯故也。今州吁弒君，鄰國未有請討之者，而三國且與之伐鄭，故以宋爲主，示討賊先治其黨之法也。又如桓公二年：「滕子來朝。」《傳》云：

「世衰道微，暴行交作，仲尼有聖德無其位，不得如黃帝、舜、禹、周公之伐蚩尤，誅四凶，戮防風，殺管、蔡，行天子之法於當年也。故假魯史用五刑，奉天討，誅亂賊，垂天子之法於後世，其事雖殊，其理一耳。何疑於不敢專進退諸侯，以為亂名實哉！夫奉天討，舉王法，黜諸侯之滅天理、廢人倫者，此名實所由定也。故曰：春秋成而亂臣賊子懼。」

今桓篡逆而滕子首朝之，是逆賊之黨，必誅之。故知夫子降其爵，以誅絕之，示天下後世，知亂臣賊子之爲大惡而莫之與，則篡弒之禍止矣。凡此皆執孟子「春秋，天子之事也。《春秋》成而亂臣賊子懼」之理以發《春秋》之義也。又如襄公三十年：「葬蔡景公。晉人、齊人、宋人、衞人、鄭人，曹人、莒人，邾人、滕人、薛人、杞人、小邾人會于澶淵，宋災故。」《傳》云：

「二百四十二年之間，列會亦眾，而未有言其所為者，此獨言其所為何？遍刺天下之大夫也。大夫以智帥人者也，智者，無不知當務之急，不能三年之喪而緦小功之察，放飯流歠而問無齒決，是之謂不知務。蔡世子般弒其君，天下之大變，人理所不容也，則會葬而不討。宋國有災，小事也，則合十二國之大夫，更宋之所喪而歸其財，則可謂知務乎？」

按：凡此皆因田常弒君，孔子沐浴而朝，請討弒君之賊之故事，發爲討賊之大義也。《胡傳》類此者甚多，今不具述。

㈡悟之義理，用探聖意之幽深

文定治《春秋》之方法，其二曰悟之義理，用探聖意之幽深。蓋孟子敍孔子之作《春秋》，嘗云：「世衰道微，邪說暴行有作，臣弒其君者有之，子弒其父者有之。孔子懼，作《春秋》，《春秋》，天子之事也。是故，孔子曰：『知我者其惟《春秋》乎！罪我者其惟《春秋》乎！』」（《滕文公篇》）。文定據此，以爲孔子假兩百四十二年南面之權，筆削魯史，以寓王法。其或因或革，或予或奪，皆聖心之權制。故「知孔子者，謂此書遏人欲於橫流，存天理於既滅，爲後世慮至深遠也。罪孔子者，謂孔子無其位而託二百四十二年南面之權，使亂臣賊子禁其欲而不得肆，則戚」（《胡傳．自序》）。故《春秋》者，乃史外傳心之要典也。然所傳之心法，即經世之志，與誅討亂臣賊子二者而已。倘能循是以求之，則聖心之權度在我矣。

因聖人經世垂法之理，以求《春秋》大義者，由文定之釋「元年」之義可見。

隱公「元年」，《傳》云：

「即位之一年，必稱元年者，明人君之用也。大哉乾元，萬物資始，天之用也。至哉坤元，萬物資生，地之用也。成位乎其中，則與天地參。故體元者，人主之職，而調元者，宰相之事。元即仁也，仁、人心也。《春秋》深明其用，當自貴者始，故治國先正其心，以正朝廷與百官，而遠近莫不壹於正矣。」

蓋夫子筆削魯史，以垂萬世法者，必欲君人者，體天法地，以生民為先。故云「元即仁」。欲即位之君，以仁心行仁政，則天下莫不歸于仁故也。

隱公元年：「鄭伯克段于鄢。」《傳》云：

「王政以善養人，推其所為，使百姓興於仁而不偷也。況以惡養天倫，使陷於罪，因以剪之乎？《春秋》推見至隱，首誅其意以正人心，示天下為公，不可以私亂也。」

王政既以善養人，使百姓興於仁而不偷，則天倫尤爲王政之始，今鄭莊公天倫尚不能養，何以養人？故專目鄭伯，以罪在伯也；不稱弟者，路人也。稱克者，力勝之詞，于鄢者，操之爲已蹙矣。皆所以誅鄭伯，以垂訓後世也。

隱公元年：「天王使宰咺來歸惠公仲子之賵。」《傳》云：

> 「以天王之尊，下賵諸侯之妾，是加冠於屨，人道之大經拂矣。天王，紀法之宗也，六卿，紀法之守也。議紀法而修諸朝廷之上，則與聞其謀，須紀法而行諸邦國之間，則專掌其事，而承命以賵諸侯之妾，是壞法亂紀，自王朝始也，春秋重嫡妾之分，故特貶而書名，以見宰之非宰矣。」

隱公二年：「紀履緰來逆女。冬，十月，伯姬歸于紀。」《傳》云：

> 「魯哀公問冕而親迎，不以重乎！孔子對曰：合二姓之好，以為宗廟社稷主，君何謂

已重乎？文定厥祥，親迎于渭，造舟為梁，不顯其光，則世子而親迎也。韓侯娶妻，蹶父之子，韓侯迎止，于蹶之里，則諸侯而親迎也。有夫婦，然後有父子，有父子，然後有君臣；夫婦，人倫之本也。逆女必親，使大夫非正也。」

夫婦，人倫之本，故《春秋》重嫡妾之分，而天王使宰咺來歸惠公仲子之賵，是壞法亂紀，不可以爲訓，故特貶其宰而書名。逆女必親，而紀侯使大夫，是變法亂常，故得書於《春秋》，以垂訓後世，所以嚴大昏之禮，定衆妾之分也。

隱公四年：「冬，十有二月，衞人立晋。」《傳》云：

「人，衆辭，立者，不宜立也。晋雖諸侯之子，內不承國於先君，上不稟命於天子。衆謂宜立而遂自立焉，可乎？故春秋於衛人特書曰立，所以著擅置其君之罪；於晋絕其公子，所以明專有其國之非，以此垂法而父子、君臣之義明矣！未有為子而不受之父也，未有為諸侯而不受之王也。」

按：此條，文定蓋考諸尊君父之理，以定褒貶也。蓋晋既「內不承國於先君，上不稟命於天子。」則非尊君父之義，故罪之也。

桓公十有一年：「夏，五月，癸未，鄭伯寤生卒。」《傳》云：

「鄭莊公志殺其弟，使餬其口於四方，自以為保國之計得也。然身沒未幾，而世嫡出奔，庶孽奪正，公子五爭，兵革不息。忽、儀、亹、突之際，其禍憯矣。亂之初生也，起於一念之不善，後世則而象之，至於兄弟相殘，國內大亂，民人思保其室家而不得，不亦酷乎？有國者，所以必循天理而不可以私欲滅之也。莊公之事，可以為永鑒矣。」

按：此條蓋本《易傳》所謂「積善之家必有餘慶，積不善之家必有餘殃」之理，以太上感應之說入傳，以發聖意之幽深者也。

桓公十有五年：「許叔入于許。」《傳》云：

「許，大岳之裔。先王建國，迫於齊、鄭，不得奉其社稷，未聞可滅之罪也。則當伸大義，以直詞上告諸天王，下赴諸方伯，求復其國，冀除宗廟，孰能與之爭？今乃因亂竊入，則非復國之義。故書入于許，入云者，難詞也。」

按：此條，文定蓋本諸尊王之義理，以闡《春秋》微旨者也。

僖公二十有三年：「春，齊侯伐宋圍緡。」《傳》云：

「齊，霸國之餘業也。宋襄公既敗於泓，荊楚之勢益張矣。齊侯既無尊中國、攘夷狄，恤患災，畏簡書之意。又乘其約而伐之，此尤義之所不得為者也。故書伐國而言圍邑，以著其罪。然則桓公伐鄭圍新城，何以不為貶乎？鄭與楚合，憑陵中國，桓公伐之，攘夷狄也。宋與楚戰，兵敗身傷，齊侯伐之，殘中夏也。其事異矣。美惡不嫌同詞。」

按：齊桓之伐鄭，與齊孝之伐宋，《春秋》之書法同。而文定之傳，立義各殊。其所以異者，蓋本諸尊王、攘夷、安夏，字小之理故也。文定之《春秋》學，類此者爲數甚夥，今不具述。

(三)嚴一字褒貶，以昭《春秋》之大義

《公羊》、《穀梁》二傳之解經，屢以譏貶立義。史遷亦謂「有所刺譏褒諱挹損之文辭」（〈十二諸侯年表〉）。故治《春秋》者，每求大義於一字之間，至范寧甚謂「一字之褒，寵踰華袞之贈；片言之貶，辱過市朝之撻」（《穀梁傳．序》）。而文定之治《春秋》也，既承二傳之餘緒，執

例與理以求聖筆之微旨，尤斷斷於一字之間以求大義也。下文「求諸於例」，可知其因例索義，每因例之一字而斷褒貶，如稱字爲褒，稱名爲貶；書及者，內爲志，書敗者，敗之者爲之主之類是也。此外，又有隨文求義，而斷諸一字者。如：

桓公十有八年：「公與夫人遂如齊。」《傳》云：

「與者，許可之詞。曰與者，罪在公也。按《齊詩》惡魯桓微弱，不能防閑文姜，使至淫亂，為二國患。而其詞曰：『敝笱在梁，其魚唯唯，齊子歸止，其從如水。』言公於齊姜，委曲從順，若水從地，無所不可。故為亂者文姜，而《春秋》罪桓公，治其本也。」

按：文姜之淫亂，桓公之微弱，不能防閑，固有罪也。然其罪若何由「與」字見得，是則不可解矣。故童品云：「假使言及而不言與，罪不在公乎？」（《春秋經傳辨疑》卷上）是矣。又：

莊公四年：「紀侯大去其國。」《傳》云：

「凡大閱、大雩、大蒐，而謂之大者，譏其僭也。大無者，志倉廩之竭也。大去者，土地、人民、儀章、器物，悉委置之而不顧也。」

按：春秋之時，僭公僭王者有之矣。八佾舞於大夫之庭者有之矣。皆不書大。今云謂之大者，譏其僭矣。何以知其必然。且紀侯大者，說者以爲紀侯之名[17]，生而名之，比諸失地之君，或亦可通。

莊公二十有四年：「大夫宗婦覿用幣。」《傳》云：

> 「公事曰見，私事曰覿。見夫人禮也，曷為以私言之？夫人不可見乎宗廟，則不可以臨諸臣，故以私言之也。」

攷《左氏》云：「公使宗婦覿用幣，非禮也。御孫曰：男贄，大者玉帛，小者禽鳥，以章物也。女贄，不過榛、栗、棗、脩，以告虔也。今男女同贄，是無別也。」然則，《春秋》所譏似在男女同贄以見耳，非在覿之一字寓褒貶也。故童品以爲覿即見，論語言私覿，朱子謂以私禮見，蓋以私爲私，覿爲見也（《春秋經傳辨疑》卷上）是矣。

閔公二年：「齊高子來盟。」《傳》云：

> 「子者，男子之美稱也；其稱子，賢之也。」

按：文定本以稱字者爲褒，今似以稱子，尤美以稱字矣。攷高子來盟，魯國賴之以定，其美固足稱，然其美固在事，似不必求之「子」字以立義也。

宣公十年：「齊人歸我濟西田。」《傳》云：

「歸讙及闡，直書曰歸，此獨書我者，乃相親愛惠遺之意。」

按：文定既謂「宣公於齊，順其所欲，既以女妻其臣，又以兵會伐萊之舉，又無歲不往朝于齊廷。雖諸侯事天子無是禮也。故惠悅其能順事己，而以所取濟西田歸之也。」則濟西田，本我田也。故云：「歸我濟西田。」其意甚明。然又據「歸讙及闡」，直書「歸」，不書「我」，遂以「我」之一字斷褒貶。姜寶云：「我字連下讀，當由我故疆而言，胡文定以爲親愛惠遺，則以我字粘上文讀矣，恐非」（《春秋事義全考》卷八）是矣。

成公五年：「同盟于蟲牢。」《傳》云：

「按《左氏》，許靈公愬鄭伯于楚，鄭伯如楚訟，不勝，歸而請成于晉，盟於蟲牢，鄭服也。鄭服則何以書同盟？天王崩，赴告已及，在諸侯之策矣，以所聞先後而奔喪禮也。

而九國諸侯會盟不廢。故特書同盟，以見其皆不臣。」

按：《春秋》書同盟者多矣，何以獨於此取義於同而貶之也。故張自超云：「上書天王崩，下書九國會盟，不往奔喪之罪著矣，義無取乎書同以示之也。」（《春秋宗朱辨義》卷八）

襄公十有八年：「公會晉侯、宋公、衞侯、鄭伯、曹伯、莒子、邾子、滕子、薛伯、杞伯、小邾子同圍齊。」《傳》云：

「凡侵伐圍入，未有書同者，而獨於此書同圍齊何也？齊環背盟棄好，陵虐神主，肆其暴橫，數伐鄰國，觀加兵於魯則可見矣。諸侯所共惡疾，故同心而圍之也。」

按：《春秋》書侵伐圍入者多矣，獨此書同圍，於常例有所不合，故文定遂以「同」之一字發義。

昭公七年：「暨齊平。」《傳》云：

「我所欲曰及，不得已曰暨，當是時，昭公結婚強吳，外附荊楚，其與齊平，無汲汲之意，乃齊求於魯，而許之平也，故曰暨。」

按：《公羊》有及者，我所欲，暨者，不得已也之例，文定蓋依之也。然「暨者，與也，連類之詞，非有不得已也」（徐廷垣《春秋管窺》卷十一）。若以暨爲不得已，則定公十年宋公之弟辰暨仲佗，石彄出奔陳，據《左氏》，辰實挾二卿以出，未有不得已之事也。文定又以爲仲佗、石彄見脅於辰。則暨齊平者，不得已在魯，暨仲佗、石彄出奔者，不得已者反在後者，是又不免矛盾矣。

昭公二十有四年：「有鸜鵒來巢。」《傳》云：

> 「巢者，去穴而巢，陰居陽位，臣逐君象也。鸜鵒宜穴處於下，而巢居於上，季孫宜臣順於家，而主祭於國，反常為異之兆。」

按：西亭《辨疑》云：「按羅氏《爾雅翼》，鸜鵒，江以南皆有，但不踰濟水，本巢居，亦非穴處，此義在非所有而有，不以巢爲義也」（姜寶《春秋事義全考》卷十四引）。文定傳本云傳曰：「鸜鵒不踰濟，濟水東北會于汶，魯在汶南，其所無也，故書曰有。」然又以巢字生義。要在，泥於天人相感之說也。

(四)繩之條例，以闡《春秋》之奧旨

治《春秋》者，每求之於例。朱彝尊《經義考》論崔子方〈本例〉云：「以例說《春秋》，自漢儒始。曰牒例，鄭衆、劉實也。曰諡例，何休也。曰釋例，潁容、杜預也。曰條例，荀爽、劉陶、崔靈恩也。曰經例，方範也。曰傳例，范甯也。曰詭例，吳略也。曰略例，劉獻之也。曰通例，韓滉、陸希聲、胡安國、畢良史也。曰統例，啖助、丁副、朱臨也。曰纂例，陸淳、李應龍、戚崇增也。曰總例，韋表、微元成、孫明復、周布孟、葉夢得、吳澂也。曰凡例，李瑾、曾元生也。曰說例，劉敞也。曰忘例，馮正符也。曰演例，劉熙也。曰義例，趙瞻、陳知柔也。曰刊例，張思伯也。曰明例，王晳、王日休、敬鉉也。曰新例，陳德寧也。曰門例，王鎡、王炫也。曰地例，余嘉也。曰會例，胡箕也。曰斷例，范氏也。曰異同例，李氏也。曰顯微例，程迥也。曰類例，石公孺、周敬孫也。曰序例，家鉉翁也。曰括例，林堯叟也。曰義例，吳迂也。而梁簡文帝，齊晉安王子懋皆有例苑，孫立節有例論。張大亨有例宗。劉淵與例義，刁氏有例序。」由是觀之，自三傳而下，以例解《春秋》者夥矣，而文定僅其一也。特文定於正例之外。別有變例，此其所以異。胡氏敍〈綱領明類例〉嘗云：

「《春秋》之文，有事同則詞同者，後人因謂之例。然有事同而詞異，則其例變矣。」

攷「事同而詞同」，即所謂「正例」，如「王朝大夫例稱字，例國之命大夫例稱字，諸侯之兄弟例稱字，中國之附庸例稱字」（隱公元年：「公及邾儀父盟于蔑」傳）是也。「事同而詞異」，即所謂「變例」，蓋「聖人按是非，定褒貶，則有例當稱字，或黜而書名，例當稱人，或進而書字」（同上）是也。正例道其常，變例，道之中。參正以變，是以活法讀《春秋》，而《春秋》之用亦可會得矣。

1、天王例

「《春秋》書王必稱天，所履者，天位也；所行者，天道也；所賞者，天命也；所刑者，天討也。」（莊公元年：「王使榮叔來錫桓公命」傳）

桓公五年：「蔡人、衞人、陳人從王伐鄭。」《傳》云：

「春秋書王必稱天，所章則天命也，所用則天討也。王奪鄭伯政而怒其不朝，以諸侯伐焉，非天討也，故不稱天。」

桓公八年：「天王使家父來聘。」《傳》云：

「下聘弒逆之人而不加貶何也？既名冢宰於前，其餘無責焉。乃同則書重之義，以此見《春秋》任宰相之專而責之備也。」

莊公元年：「王使榮叔來錫桓公命。」《傳》云：

「啖助曰：不能天王寵篡弒以瀆三綱也。」

文公五年：「王使榮叔歸含且賵。」《傳》云：

「不稱天王者，弗克若天也。……今成風以妾僭嫡，王不能正，又使大夫歸含賵焉，而成之為夫人，則王法廢，人倫亂矣。是謂弗克若天，而悖其道，非小失耳，故特不稱天，以謹之也。」

文公五年：「王使召伯來會葬。」《傳》云：

「再不稱天者，聖人於此，尤謹其戒而不敢略也。」

按：文定此例，以《春秋》書天王者，正也。若王不稱天，即變也。而褒貶即存乎其間。故伐鄭，錫桓公命，含賵、會葬成風，王皆不稱天，故知皆係聖人削去天字，所以貶之也。聘桓，以書天王，故知其無貶。凡此，皆求之於例，而斷之於天之一字，以定褒貶也。然桓公弒逆，家父聘而書天王使，於例則無貶矣。特於理則不可以無貶，因有「同則書重之義」也。

2、諸侯即位例

「內不承國於先君，上不稟命於天子，即不書即位。」

隱公元年：「春王正月。」《傳》云：

「內不承國於先君，上不稟命於天子，諸大夫扳己以立而遂立焉，是與爭亂造端而篡弒所由起也，《春秋》首絀隱公以明大法。」

莊公元年：「春王正月。」《傳》云：

「不書即位，內無所承，上不請命也。」

閔公元年：「春王正月。」《傳》云：

「不書即位，內無所承，上不請命也。」

僖公元年：「春王正月。」《傳》云：

「不書即位，內無所承，上不請命也。」

按：〈謹始例〉云：「即位而謹始，本不可以不正，爲人子受之父，爲諸侯受之王，此大本也。咸無焉，則不書即位，隱、莊、閔、僖四公是也。」此即諸侯即位之正例。

※※※　　※※※　　※※※

「上不請命於天子，內得承國於先君，則書即位。」

文公元年：「春王正月，公即位。」《傳》云：

「即位者，告廟臨羣臣也。」

按：〈謹始例〉云：「在春秋時，諸侯皆不請王命矣；然承國於先君者，則得書即位，以別於內復無所承者。文、成、襄、昭、哀五公是也。」然其書即位，僅在區分內復無所承者，「非《春秋》與其不稟命於王而得即位也」（汪克寬《春秋胡傳附錄纂疏》卷一）。是所謂變例也。

※※※　　※※※　　※※※

「如其意而書即位。」

桓公元年：「春王正月，公即位。」《傳》云：

「桓公與聞乎故而書即位，著其弒立之罪，深絕之也。」

宣公元年：「春王正月，公即位。」《傳》云：

「宣公為弒君者所立，受之而不討賊，是亦聞乎弒也。故如其意焉而書即位，以著其自立之罪。」

按：「桓宣與聞乎故，特書即位，與承國者等。」是「例中之變例，其尤大者也。」（襄公三十年：「會于澶淵，宋災故」汪克寬《春秋胡傳附錄纂疏》引《文集》）。

攷諸侯之即位，文定蓋推諸成康之盛世，以發爲義例。故以內不承國於先君，上不稟命於天子，則不書即位，以著其自立之罪，是爲正例。然春秋之時，諸侯之即位，未有上請王命者。因以上雖不請王命，內得承國於先君者，即書即位，所以別之，非所以與之也，是爲變例。若桓宣之與聞乎故，則特書即位，以著其無隱君之心，是爲變例中之變例之尤大者。然文定執盛世之禮以繩衰世之事，雖云以活法觀之，朱熹已云：「胡文定說《春秋》『公即位』，終是不通」（《五經語類》卷五十九）矣。蓋「書即位者，既著其自立之罪，不書即位者，亦謂著其自立之罪」（童品《春秋經傳辨疑》卷上），終不免矛盾。且定公之即位，但云不可不察也。於前正、變之例又皆不合矣。

3、王臣名爵例

「王朝公卿書官，大夫書字，上士、中士書名，下士書人。」（隱公元年：「天王使宰咺來歸惠公仲子之賵」傳）

桓公八年：「天王使家父來聘。」《傳》云：

「下聘弒逆之人而不加貶，何也？既名冢宰於前，其餘無責焉。乃同則書重之義，以此見《春秋》任宰相之專而責之備也。」

僖公三十有一年：「天王使宰周公來聘。」《傳》云：

「冢宰上兼三公，其職任為至重，而來聘于魯，天王之禮意莫厚焉。」

按：家父，乃天王之大夫，故以字書。周公以冢宰上兼三公，故以官書。此所謂正例，意皆無貶也。特家父聘弒逆之賊，於理不可以無貶。故云：「同則書重。」

※※※　　※※※　　※※※

隱公元年：「天王使宰咺來歸惠公仲子之賵。」《傳》云：

「冢宰，稱宰，咺者，名也。……咺位六卿之長而名之，何也？……春秋重嫡妾之分，故特貶而書名，以見宰之非宰矣。」

桓公四年：「天王使宰渠伯糾來聘。」《傳》云：

「宰、冢宰也，渠，氏。伯，爵，糾，其名也。……糾位六卿之長，降從中士之例而書名，貶也。」

莊公六年：「王人子突救衞。」《傳》云：

「王人，微者，子突，其字也。以下士之微，超從大夫之例而書字者，褒救衛也。」

按：宰咺、宰渠伯糾，以其書宰，故文定以爲皆冢宰，依例宜書官。今皆書名，故知乃夫子降而貶之，以其宰非其宰也。若王人子突，以其書人，故知爲下士之微者。既爲下士，依例不得書字。而今稱字，蓋以其能救衞，故夫子進而褒之，故特使從大夫之例也。是所謂變例也。

攷周自東遷之後，雖名爲天下共主，然國勢陵夷，不足以制諸侯；而强侯恃武，唯力屈伸，亦置天王如虛器矣。故春秋之初，宰咺歸賵（隱公元年）、凡伯（隱公七年）、南季（隱公九年）、宰渠伯糾（桓公四年）、仍叔之子（桓公五年）。家父（桓公八年）相繼來聘，而隱、桓二公未嘗一朝，亦未有聘問之使如周，遂致周使之求賻、求車。及使莊公主王姬之婚，乃使榮叔錫桓公命，僖公兩朝王所，宰周公遂至，而公子遂之如京師，又以二事出。然則，冠屨之倒置，法紀之無存，亦甚明矣。而文定必待宰咺、宰渠伯糾之書名，然後爲貶。家父書字則無貶，然聘弒逆之人，豈可無貶，於是、乃有同者書重之例。若夫王人子突之救衞，朱熹以爲「自是衞當救」（朱子《五經語類》卷五十七）。春秋之時，衆暴寡，强陵弱，有能救難分災者，固彼善於此矣。而文定必待書字，而後斷其褒。由是，知文定之解《春秋》，一本諸例，又參之以理，而後斷之於一字也。

4、諸侯之兄弟稱公子例

「諸侯之尊兄弟，不得以屬通，曰公子者，其本當稱者也。曰弟者，因事而特稱之也。」（昭公元年傳）「兄弟，先公之子，不稱公子，貶也。」（隱公七年傳）

莊公二十有七年：「公子友如陳葬原仲。」《傳》云：

「公子友如陳葬原仲，私行也。人臣之禮無私交，大夫非君命不越境，何以通季子之私行而無貶乎？……春秋深貶王臣以明始亂，備書諸國大夫而無譏焉，則以著其效也。凡此皆正其本之意。」

僖公三十年：「衞殺其大夫元咺及公子瑕。」《傳》云：

「公子瑕未聞有罪而殺之，何也？元咺立以為君，故衛侯忌而殺之也。然不與衛剽同者，是瑕能拒咺，辭其位而不立也。不與陳佗同者，是瑕能守節，不為國人之所惡也。故經以公子冠瑕而稱及，見瑕無罪，事起元咺，以咺之故，延及於瑕。」

按：依文定之例，諸侯之子爲大夫者稱公子。季友、桓公之子，莊公之弟也。公子瑕者，衞文公之子，成公之弟也。今皆書公子，是皆無貶也。然公子友，非君命而越境，於理不能無貶，因謂「深貶王臣，以明始亂，備書諸國大夫而無譏。」瑕被殺而書公子，且及在元咺，因謂瑕能守節。然攷諸經傳，書公子友，未見有貶王臣之意；書公子瑕，未見有能守節之事。要之，文定蓋求諸「公子」二字，以爲無貶，故創爲是說也。

※※※　　※※※　　※※※

隱公七年：「齊侯使其弟年來聘。」《傳》云：

「年者，齊僖公母弟也。……僖公私其同母，寵愛異於他弟，施及其子，猶與適等，而襄公絀之，遂成篡弒之禍。故聖人於年來聘，特變文書弟以示貶焉。」

成公十年：「衞侯之弟黑背帥師侵鄭。」《傳》云：

「其曰衛侯之弟者，子叔黑背生公孫剽，孫林父、甯殖出衛侯衎而立剽，亦以其父有寵愛之私，故得立耳。此與齊之夷仲年無異，故特書弟以為後戒。」

襄公二十有七年：「衞侯之弟鱄出奔晉。」《傳》云：

「其稱弟，罪衛侯也。」

昭公元年：「秦伯之弟鍼出奔晉。」《傳》云：

「書曰弟者，罪秦伯也。」

昭公八年：「陳侯之弟招殺陳世子偃師。」《傳》云：

「此公子招，特以弟稱者，著招憑寵稔惡，而陳侯失親親之道也。」

定公十有四年：「宋公之弟辰暨仲佗石彄出奔陳。」《傳》云：

「其弟云者，罪宋公以嬖魋故而失二弟，無親親之恩。」

按：衛鱄、秦鍼、宋辰之出奔，責其薄友恭之義，或然矣。然惡夷仲年之子無知，後成篡弒；黑背之子剽，後爲逐君之賊所立。遂責齊僖之寵夷仲年，衛定之寵黑背。夫以兄寵弟而削弟氏，子篡立而削父氏，《春秋》似無此意。若陳公子招弒世子偃師，不責招而責陳侯，似亦非《春秋》討亂賊之旨也。要之，文定蓋拘於書弟之例，而深求之也。

5、諸侯之兄弟稱字例

「諸侯之弟兄，例以字通。」（桓公十四年傳）「貶則書名。」（莊公三年傳）

桓公十有七年：「蔡季自陳歸于蔡。」《傳》云：

「季，字也。歸，順詞。蔡季之去，以道而去者也。其歸，以禮而歸者也。公子不去國，季何以去？權也。既歸何以不有國？獻舞立矣。」

莊公三年：「紀季以酅入于齊。」《傳》云：

「今季不書奔，則非竊地也。不書名，則非貶也。」

閔公元年：「季子來歸。」《傳》云：

「其曰季子，賢之也。」

文公十有四年：「宋子哀來奔。」《傳》云：

「書曰子哀，貴之也。」

宣公十有七年：「公弟叔肸卒。」《傳》云：

「稱弟，得弟道也；稱字，賢也。」

按：文定以諸侯之兄弟例稱字，故凡稱字者，皆無貶焉。且或以爲賢，或以爲貴。

※※※　※※※　※※※

桓公十有四年：「鄭伯使其弟語來盟。」《傳》云：

「書名者，罪其有寵愛之私，非友于之義也。」

襄公二十有七年：「吳子使札來聘。」《傳》云：

「札者，吳之公子，何以不稱公子？貶也。辭國而生亂者，札為之也。故因其來聘而貶之，示法焉。」

按：文定既以諸侯之兄弟例稱字，故凡書名者，皆有所貶黜之也。今鄭語書名，故以爲寵愛之私；季札書名，故責其辭國生亂。攷諸經傳，書語不見有寵愛之私。而札辭國，其與伯夷、叔齊，太伯、虞仲何異。文定於子臧、叔肸尚且美之，何苛於札。要之，求之例故也。

6、盟會書及書人例

「內稱及，外稱人，皆微者。微者盟會不志于《春秋》。」（隱公元年傳）

隱公元年：「及宋人盟于宿。」《傳》云：

「內稱及，外稱人，皆微者。其地與國，宿亦與焉。微者盟會不志于《春秋》，此其志者，有宿國之君也。」

桓公十有一年：「齊人、衞人、鄭人盟于惡曹。」《傳》云：

「盟會皆君臣之禮，故微者之盟會不志于《春秋》。凡《春秋》所志必有君與貴大夫居其間者也。惡曹之盟，即三國之君矣。……以奪爵示貶。」

莊公二十有二年：「及齊高傒盟于防。」《傳》云：

「高傒，齊之貴大夫也。曷為就吾之微者盟？蓋公也，其不言公，諱與高傒盟也。」

文公二年：「及晉處父盟。」《傳》云：

「及處父盟者，公也。……諱不書公者，抑大夫之伉，不使與公為敵，正君臣之分也。」

按：及齊高傒盟，及晉處父盟，諱公與大夫盟，此固然矣。若宿之盟，三傳皆不云「有宿國之君也。」惡曹之盟，三傳尤闕而不論，文定蓋因例而推之，知爲三國之君，蓋以稱人，爲聖人奪其爵以示貶也。

7、外兵例

「凡兵，聲罪致討曰伐，潛師入境曰侵，兩兵相接曰戰，繯其城邑曰圍，造其國都曰入，徙其朝市曰遷，毀其宗廟社稷曰滅，詭道而勝之曰敗，悉虜而俘之曰取，輕行而掩之曰襲，已去而躡之曰追，聚兵而守之曰戍，以弱假強而能左右之曰以，皆誌其事實，以明輕重。」（隱公二年：「鄭人伐衛」傳）

隱公二年：「鄭人伐衛。」《傳》云：

「按《左氏》，鄭共叔之亂，公孫滑出奔衛。衛人為之伐鄭，取廩延。至是、鄭人伐衛，討滑之亂也。……征伐，天子之大權，今鄭無王命，雖有言可執，亦王法所禁，況於修怨乎？」

隱公七年：「秋，公伐邾。」《傳》云：

「奉詞致討曰伐。按《左氏》，公伐邾，為宋討也。宋人先取邾田，故邾人入其郛。魯與儀父則元年盟於眛矣。邾人何罪可聲，特託為辭說以伐之爾。經之書伐，非主兵者，皆有言可執，見伐者皆有罪可討也。傳曰：欲加之罪，何患無詞，魯為宋討，非義甚矣。而稱伐邾，所謂欲加之罪者也。而不知渝眛之盟，不待貶而自見矣。」

按：《春秋》書伐者，文定皆以爲「聲罪致討」也。特有無罪可聲者，故知有「欲加之罪，何患無詞」者。即有罪可聲，若不秉王命者，亦非。故知孟氏「春秋無義戰」之說，信然。

※※※　※※※　※※※

莊公十有五年：「鄭人侵宋。」《傳》云：

「侵伐之義，三傳不同。《左氏》曰：有鐘鼓曰伐，無鐘鼓曰侵。先儒或非其說。以為聲罪致討曰伐，無名行師曰侵，未有以易之也。然攷諸五經，皆稱侵伐。在《易．謙》之六五曰：『利用侵伐，征不服也。』《書》之〈太誓〉曰：『我武惟揚，侵于之疆。』《詩》之〈皇矣〉曰：『依其在京，侵自阮疆。』《周官》大司馬以九伐之法正邦國，而曰：賊賢害民則伐之，負固不服則侵之。而以為無名行師可乎？然則，或曰侵，或曰伐，何也？聲罪致討曰伐，潛師掠境曰侵。聲罪者，鳴鐘擊鼓，整眾而行，兵法所謂正也。潛師者，銜枚臥鼓，出人不意，兵法所謂奇也。」

僖公四年：「春，王，正月、公會齊侯、宋公、陳侯、衛侯、鄭伯、許男、曹伯侵蔡。蔡潰、遂伐楚。次于陘。」《傳》云：

「潛師掠境曰侵。侵蔡者，奇也。聲罪致討曰伐，伐楚者，正也。」

按：《春秋》書侵，文定攷諸五經，知爲「潛師掠境。」故齊桓之侵蔡，乃所以伐楚，是以無貶。

※※※　　※※※　　※※※

桓公十有三年：「及齊侯、宋公、衛侯、燕人戰。齊師。宋師、衛師、燕師敗績。」《傳》云：

「《左氏》以為鄭與宋戰，《公羊》以為宋與魯戰，《穀梁》以為紀與齊戰。趙匡攷據經文，內兵則以紀為主而先於鄭，外兵則以齊為主而先於宋。獨取《穀梁》之說，蓋齊、紀者，世讎也。齊人合三國以攻紀，魯、鄭援紀而與戰，戰而不地，於紀也。」

僖公二十有二年：「冬，十有一月，己巳，朔，宋公及楚人戰于泓，宋師敗績。」《傳》云：

「泓之戰，宋襄公不阨人於險，不鼓不成列。先儒以謂至仁大義，雖文王之戰不能過也。」

按：《春秋》書戰，文定以爲「兩兵相接曰戰」。蓋本諸《左氏》傳例「皆陳曰戰」⑱故也。是以昭公十有七年：「楚人及吳戰于長岸。」文定云：「言戰不言敗，勝負敵也。」蓋兩軍皆陳，而其勢亦相當故也。

※※※　　※※※　　※※※

隱公五年：「宋人伐鄭，圍長葛。」《傳》云：

「圍者、環其城邑，絕其往來之使，禁其樵采之途，城守不下，至於經年而不解，誅亂臣，討賊子可也。」

宣公九年：「宋人圍滕。」《傳》云：

「圍國，非將卑師少所能辦也。必動大眾而使大夫為主帥明矣。然而稱人，是貶之也。」

按：《春秋》書圍，文定以爲「環其城邑曰圍。」故長葛之圍，首釋其意。於滕之圍，則推其意，以明褒貶之所繫。是爲正例。

宣公十有二年：「楚子圍鄭。」《傳》云：

「入自皇門，至于逵道，蓋即其國都矣。而經止書圍，曷為悉從輕典，不書其憑陵諸夏之罪乎？上無天王、下無方伯，天下諸侯有臣弒君，子弒父，諸夏不能討，而夷狄能討之，《春秋》取大節，略小過，雖如楚子憑陵上國，近造王都之側，猶從末減，於以見誅亂臣、討賊子，正大倫之重也。」

按：楚子入自皇門，至於逵道，則即其國都矣，依例當書入。今變文書圍，蓋例之變，所以減楚子之罪也。

※※※　　※※※　　※※※

隱公十年：「冬，十月，壬午，齊人、鄭人入郕。」《傳》云：

「《左氏傳》云：宋公不王，鄭伯以王命致討而郕人不會，齊、鄭入郕，討違王命也。程氏謂宋本以公子馮在鄭，故二國交惡，不見其為王討也。王臣不行，王不出，矯假以逞私忿耳。此說據經為合。若討違王命則不書入矣。入者，不順之詞也，苟以為難詞，則齊、鄭大國於討郕，何難哉！」

按：文定以爲《春秋》之書入者，造其國都之謂也。故知《左氏》以「王命討」之非，若以「王命討」，則經當書伐，不書入矣。

※※※　　※※※　　※※※

莊公元年：「齊師遷紀郱鄑郚。」《傳》云：

「郱、鄑、郚者，紀三邑也。邑不言遷，遷不言師。其以師遷之者，見紀氏猶足與守，而齊人強暴，用大眾以迫之為己屬也。凡書遷者，自是而滅矣。」

莊公十年：「三月，宋人遷宿。」《傳》云：

「其曰遷宿者，宿非欲遷，為宋人之所遷也。懷土、常物之大情，遷國、重事也。雖違害就利，去危即安，猶或恐沈于眾，不肯率從。而況迫於横逆，非其所欲，棄久宅之田里刈新，徙之蓬藋，道途之勤，營築之勞，起怨諮，傷和氣，豈不惻然有隱乎？肆行莫之顧也。其不仁亦甚矣。凡書遷，不再貶而惡已見矣。」

按：《春秋》書遷，文定以爲「徙其朝市曰遷。蓋以武力恃强，以徙人之朝市，故曰：「凡書遷，不再貶而惡已見矣」。

※※※　　※※※　　※※※

莊公十有三年：「夏，六月，齊人滅遂。」《傳》云：

「取國而書滅，奪人土地，使不得有其民人，毀人宗廟，使不得奉其祭祀，非至不仁者，莫之忍為。」

僖公十年有二年：「夏，楚人滅黃。」《傳》云：

「《春秋》滅人之國，其罪則一。」

按：《春秋》書滅，文定以爲「毀其宗廟社稷曰滅。」故於「齊人滅遂。」釋所以書滅之意。繼而云：「滅人之國，其罪則一。」蓋皆不仁之至之事也。

※※※　※※※　※※※

莊公十年：「公敗齊師于長勺。」《傳》云：

「齊師伐魯，經不書伐，意責魯也。詐戰曰敗，敗之者為主。」

莊公十年：「公敗宋師于乘丘。」《傳》云：

「魯人若能不用詐謀，奉其辭令，二國去矣。」

僖公元年：「公子友帥師敗莒于酈，獲莒拏。」《傳》云：

「以季友主此戰何也？抑鋒止銳，喻以詞命，使知不縮而引去，則善矣。今至於兵刃既接，又用詐謀，擒其主將，此強國之事，非王者之師，《春秋》之志。故以季友為主而書敗獲，責之備也。」

按：《左氏》：乾時之戰，我師敗績，莊公傳乘而歸。然鮑叔又帥師而來，殺子糾，囚管仲，魯幾不能國矣。幸公敗之長勺，士氣一振，國本暫穩。然齊師、宋師又次于郎，以謀我。幸公又敗宋師于乘丘，而齊師遂罷，魯亦得安。然文定責魯者再，乃執「詭道而勝之曰敗」之傳例，故忽其形勢而誅貶有加也。若夫莒人得慶父，而責賂于魯；魯人弗與，莒遂興師來伐。此挾憤貪欲之師，豈詞令可以退，而猶責季友之敗莒師，擒莒拏。文定蓋執一「敗」字以求褒貶也。

※※※

隱公四年：「莒人伐杞，取牟婁。」《傳》云：

「取者，收奪之名。聲罪伐人而強奪其土，故特書曰取，以著其惡。」

隱公六年：「冬，宋人取長葛。」《傳》云：

「宋人恃強圍邑，久役大眾，取非所有，其罪著矣。……宋人強取，以王法言不可勝誅，以天理言不善之積著矣。」

按：《春秋》書取，文定以爲「悉虜而俘之曰取。」蓋皆取非所有，故皆惡之。

※※※　　※※※　　※※※

莊公十有八年：「公追戎于濟西。」《傳》云：

「此未有言侵伐者而書追，是不覺其來，已去而追之也。為國無武備，啟戎心而不知警，危道也。」

僖公二十有六年：「齊人侵我西鄙，公追齊師，至酅弗及。」《傳》云：

「書人、書侵、書師、罪齊也。書追、書至酅、弗及，罪魯也。潛師入境曰侵，少則稱人，眾則稱師。前書齊人，是見其弱以誘魯也；後書其師，是伏其眾以邀魯也。其為譏明矣。凡書追者，在境內則譏其不預，追戎于濟西是也。在境外則譏其深入，追齊師至酅是也。」

按：公追戎于濟西，二傳皆謂大公之追，以戎未至而豫禦之。而文定從《左氏》。追齊師于酅，《公羊》以爲大公之能禦齊，《穀梁》以爲公追之弗正。而文定乃譏其深入。要之，執「已去而躡之曰追」之一例故也。

※※※　　※※※　　※※※

僖公二十有八年：「公子買戍衞，不卒戍，刺之。」《傳》云：

「按《左氏》，買為楚戍衛，楚人救衛不克，公懼於晉，殺買以說焉。謂楚人不卒戍也。」

按：《春秋》書戍，文定以爲「聚兵而守之曰戍。」則公子買蓋率魯兵以戍衞，以助楚抗晋也。

※※※　　※※※　　※※※

桓公十有四年：「宋人以齊人、蔡人、衞人、陳人伐鄭。」《傳》云：

「師而曰以者，能左右之以行己意也。宋怨鄭突之背己，故以四國伐鄭；魯怨齊人之侵己。故以楚師伐齊；蔡怨囊瓦之拘己，故以吳子伐楚。蔡弱於吳，魯弱於楚，宋與蔡、衛、陳敵而弱於齊。乃用其師以行己意。故特書曰以。」

定公四年：「蔡侯以吳子及楚人戰于柏舉，楚師敗績，楚囊瓦出奔鄭。」《傳》云：

「吳何以稱子，善伐楚，解蔡圍也。……吳國、天下莫強焉，非諸侯所能以也。……柏舉之戰，蔡用吳師，特書曰以。」

按：《春秋》書「以」，文定以爲「以弱假强而能左右之曰以。」蔡，小國也，吳、大國也。而蔡能用吳師以伐楚，是謂能左右之也。

「內兵，書敗曰戰，書滅曰取。特婉其詞，爲君隱也。」（隱公二年：「鄭人伐衛」傳）

8、內兵例

僖公二十有二年：「秋、八月、丁未，及邾人戰于升陘。」《傳》云：

「邾人以須句故出師，公卑邾，不設備，戰于升陘，我師敗績。邾人獲公胄，縣諸魚門。記稱邾屨復之以矢，蓋自戰於升陘始也。魯既敗績，邾亦幾亡，輕用師徒，害及兩國，亦異於誅暴禁亂之兵矣。」

按：內兵，文定以爲「書敗曰戰。」所以「婉其詞，爲君隱也。」故升陘之戰，《左氏》云：「我師敗績，邾人獲公胄，縣諸魚門。」而經但云：「戰。」不云：「敗」也。若莊公九年，乾時之戰，經書「我師敗績。」而不爲之諱者，文定則以爲「能以仇戰。雖敗亦榮」故也。

※※※　　※※※　　※※※

成公六年：「取鄟。」《傳》云：

「鄟，微國也。書取者、滅之也。滅而書取，為君隱也。」

僖公十有七年：「滅項。」《傳》云：

「若夫滅項，則僖公在會，季孫所為耳，執政之臣，擅權為惡，而不與之諱，此《春秋》尊君抑臣，不為朋黨比周之意也。」

按：《春秋》於內兵書取者，文定以爲「書滅曰取。特婉其詞，爲君隱也。」故滅項，《左氏》以爲公滅之，二傳以爲齊滅之。文定遂以內兵書滅曰取之例，證諸直書不諱，乃創爲季孫爲之之說。蓋本諸「經未有書外滅而不言國者，如齊師滅譚是也。亦未有書內取而直言魯者，如取鄟，取鄫是也。」

9、諸侯卒葬例

「**諸侯曰薨、大夫曰卒**。」（**隱公三年傳**）

隱公三年：「宋公和卒。」《傳》云：

「五等邦君，何以書卒？夫子作《春秋》，則有革而不因者，周室東遷，諸侯放恣，專享其國，而上不請命，聖人奉天討以正王法，則有貶黜之刑矣。因其告喪，特書曰卒，不與其為諸侯也。」

按：文定以「諸侯曰薨，大夫曰卒」爲正例，今宋公爲五等諸侯，其曰卒，而不曰薨，係例之變，故知係聖人特降從大夫之例以貶之也。

※※※　　※※※　　※※※

隱公五年：「葬衞桓公。」《傳》云：

「君弒，賊不討，則不書葬。」

「衛亂是以緩，魯往會故書，聖人存而弗削者，弒逆之賊討矣。」

隱公十有一年：「公薨。」《傳》云：

「夫賊不討，讎不復，而不書葬，則服不除，寢苫枕戈，無時而終事也。」

莊公十有二年：「宋萬出奔陳。」《傳》云：

「特書萬出奔陳，而閔公不葬，以著陳人與賊為黨之罪，而不能正天討，其法嚴矣。」

襄公三十年：「葬蔡景公。」《傳》云：

「《春秋》大法，君弒而賊不討，則不書葬。況世子之於君父乎？蔡景公何以獨書葬？遍刺天下之諸侯也。」

昭公十有九年：「葬許悼公。」《傳》云：

「何以書葬？穀梁子曰：不使止為弑父也。……許世子止不知嘗藥，累及許君也。觀止自責，可謂有過人之質矣。」

按：文定以「君弒，賊不討則不書葬」爲例。故魯隱、宋閔之卒皆不書葬，而衞桓之書葬，以州吁已討故也。是所謂正例。若夫蔡景、許悼，賊未討而書葬，與正卒者同。蓋蔡景之書葬，所以刺會澶淵之諸侯；許悼之葬，以不使止爲弒父。是所謂變例中之尤者也。故《文集》云：「蔡景公賊不討，卻書葬，與正卒者同；正如桓、宣與聞乎故，特書即位，與承國者等也。其義則內貶魯君，遍刺天下諸侯，誅其黨附惡逆之罪也。」（襄公三十年：「會于澶淵，宋災故」，汪克寬《春秋胡傳附錄纂疏》引）。

綜前所述，文定之解《春秋》，一依於例可知矣。然其例細碎，今不及詳述，但舉其大端如上云。

攷文定治《春秋》之方法，雖可分爲攷之經傳，悟之義理，嚴一字褒貶，繩之條例四大目，然於例，於理，亦求斷於一字，故方法雖四，其實乃交互爲用而不可分。今爲說明之便，强分爲四，實不可泥。不泥，故得活法以讀《春秋》。泥則滯陷而不可通，此又不可不知也。又文定之解《春秋》，其態度與方法固如是，因有穿鑿附會之新義，儒者多能識之，今復有評述之篇章於後也。

本章附註

①《春秋繁露．竹林篇》云：「《春秋》記天下之得失，而見所以然之故，甚幽而明，無傳而著，不可不察也。」

②六藝論：「《左氏》善於禮，《公羊》善於讖，《穀梁》善於經。」

③敍傳授：「程氏嘗爲之傳，然其說甚略，於意則引而不發，欲使後學愼思明辨，自得於耳目見聞之外者也。」

④《東塾讀書記》卷十：「左傳凡例與所記之事，有違反者，可見凡例未必盡是。」

⑤《春秋繁露．玉杯篇》：「《春秋》譏文公以喪取，難者曰：喪之法，不過三年，三年之喪二十五月。今按經文公乃四十一月乃取，取時無喪，出其法也久矣。何以謂之喪取？曰：《春秋》之論事，莫重乎志。今取必納幣，納幣之月在喪分，故謂之喪取也。且文公之以秋祫祭，以冬納幣，皆失於太蚤。《春秋》不譏其前，而顧譏其後。必以三年之喪，肌膚之情也，雖從俗而不能終，猶宜未平於心。今全無悼遠之志，反思念取事，是《春秋》之所甚疾也。故譏不出三年，於首而已，譏以喪取也。不別先後，賤其無人心也。緣此以論禮，禮之所重者在其志，志敬而節具則君子予之知禮，志和而音雅則君子予之知樂，志哀而居約則君子予之知喪。故曰：非虛加之，重志之謂也。」

⑥《東塾讀書記》卷十：「從赴之說，更有當辨者……。」

⑦《東塾讀書記》卷十：「《公羊》於春秋時人多不知者。」

⑧《東塾讀書記》卷十：「《穀梁》時月日之例多不可通。」又云：「穀梁之病，更有在拘泥文例者。」

⑨錢基博《經學通志春秋志》第六：「宋儒治春秋者。……以孫復爲最先，劉敞爲最優，而胡安國爲最顯。」

⑩《東塾讀書記》卷十自註云：「傳稱孔子曰《詩》云：『民之多辟，無自立辟。』其洩治之謂乎？殿本注疏考證云：臣照按、孔子蓋哀之也，非譏之也。』」

⑪《左氏傳》：「嘉獲之也。」《公羊傳》：「莒無大夫，此何以書？大季子之獲也。」

⑫《漢書・董仲舒傳》：「仲舒對（江都易王）曰：『仁人者，正其誼不謀其利，明其道不計其功，是以仲尼之門，五尺之童，羞稱五霸，爲其先詐力而後仁誼也。』」

⑬《孟子・梁惠王篇上》：「王曰：何以利吾國？大夫曰：何以利吾家？士庶人曰：何以利吾身？上下交征利，而國危矣。」

⑭《孟子・梁惠王篇上》：「齊宣王問曰：齊桓、晉文之事，可得聞乎？孟子對曰：仲尼之徒無道桓、文之事者，是以後世無傳焉。」

⑮見《孟子・告子下篇》。

⑯《論語・憲問篇》：「陳成子弒簡公，孔子沐浴而朝，而告於哀公曰：陳恆弒其君，請討之。公曰：告夫三

子。孔子曰：以吾從大夫之後，不敢不告也。君曰：告夫三子者。之三子告，不可。孔子曰：以吾從大夫之後，不敢不告也。」

⑰李廉《春秋諸傳會通》卷五：「紀侯之去，程子以大爲紀侯名。書名，貶其失守，比於梁亡，齊殲、鄭棄其師之例。恐不可從。」

⑱見《左氏・莊公十有一年》：「公敗宋師于鄑」傳。

第三章　《春秋》經世說

一、《春秋》爲經世之學

《春秋》經世之旨，首揭於《莊子．齊物論》所謂：「《春秋》經世，先王之志」是也。於是，後儒遂以《春秋》爲聖人致用之書。故以爲「撥亂世，反之正，莫近於《春秋》」（司馬遷述董仲舒語）者有之，以爲「五經之有《春秋》，猶法律之有斷例」（程頤語）者有之。而《春秋》爲聖人經世之典，儒者不能異說矣。

胡文定之治《春秋》，既遠本孟子，近淑二程①，於春秋經世之義，其服膺也尤拳拳焉。以爲夫子自謂：「知我者其惟《春秋》乎！罪我者其惟春秋乎！」而孟軻氏爲之發義，以爲天子之事者，蓋夫子有聖德而無其位，不得如黃帝、舜、禹、周公之行法於當年。然周衰，乾綱解紐，亂臣賊子接迹當世，人欲肆而天理滅。撥亂反正之責，雖不欲以爲己任而不可得。且「五典弗惇，己所當敍，五禮弗庸，己所當秩，五服弗章，己所當命，五刑弗用，己所當討。」乃假魯史，托兩百四十二年南面之權，筆則筆，削則削，寓諸王法。故其或因或革，或予或奪者，要在敍先後之典，秩上下之分，褒善貶惡而已。其目的在遏人欲於橫流，存天理於既滅。使爲百王之法度，萬世之準繩云。由是而論，凡筆於經者，皆經邦之大訓，先聖之垂法也。故呂伯恭嘗謂：「胡文定《春秋傳》，多拈出禮運天下爲公意思。蜡賓之歎，自昔前輩共疑之，以爲非孔子語。蓋不獨親其親，子其子，而以堯、舜、禹、湯爲小康。眞是老聃、墨翟之論。胡氏乃屢言《春秋》有意於天下爲公之世，此乃綱領本原，不容有差」②是也。今依《胡傳》略闡經世之法於後：

二、三綱爲經世之本

《易》曰：「有天地，然後有萬物；有萬物，然後有男女；有男女，然後有夫婦；有夫婦，然後有父子；有父子，然後有君臣；有君臣，然後有上下；有上下，然後禮義有所錯」（《周易．序卦》）。蓋「天爲君而覆露之，地爲臣而持載之；陽爲夫而生之，陰爲婦而助之；春爲父而生之，夏爲子而養之」（《春秋繁露．基義篇》）故也。然則，夫婦、父子、君臣，是所謂王道之三綱也。而經邦之道，莫重乎三綱；蓋三綱者，乃軍國政事之本也。

㈠修齊治平之端肇始於夫婦之大倫

《易．家人》之卦云：「女正位乎內，男正位乎外，男女正，天下之大義也。家人有嚴君焉，父母之謂也。父父、子子，兄兄、弟弟，夫夫、婦婦，而家道正，正家而天下定矣。」是有男女而後有夫婦，而夫婦又爲三綱之始也。故文定於傳文中，屢發明之。如成公五年：「杞叔姬來歸。」《傳》云：

「男女居室，人之大倫也。男子生而願為之有室，女子生而願為之有家。父母之心，人皆有之，而不能為之擇家與室，則夫婦之道苦，淫僻之罪多矣。」

由是言之，有男子者，必爲之擇賢婦；有女子者，必爲之擇賢夫。此雖父母之心，亦社會、國家之願也。故成公九年：「杞伯來逆叔姬之喪以歸。」《傳》云：

「有男女，然後有夫婦；有夫婦，然後有父子。故《春秋》慎男女之配，重大昏之禮。以是為人倫之本也。事有大於此者乎？男而賢也，得淑女以為配，則自家刑國，可以移風俗。女而賢也，得君子以為歸，則承宗廟，奉祭祀，能化天下以婦道。豈曰小補之哉！」

夫婦之道正，則自家之刑國。是以，大婚之禮必嚴。故逆女必親，蓋將合二姓之好，上以事宗廟，而下以繼後世。爲諸禮之本者也。若不能親逆而使大夫，如紀侯之使履緰，魯桓之使公子翬，則聖人必書之，以志變常而譏之也。

又莊公十有一年：「冬、王姬歸于齊。」《傳》云：

「陽倡而陰和，夫先而婦從，天理也。述天理，訓後世，則雖以王姬之貴，其當執婦道，與公侯、大夫、士庶人之女，何以異哉！故舜為匹夫，妻帝二女，而其書曰：嬪于虞。西周王姬嫁於齊侯，亦執婦道，成肅雍之德。」

隱公二年：「夫人子氏薨。」《傳》云：

「夫人之義，從君者也。邦君之妻，國人稱之曰小君，卒則書薨，以明齊也。先卒則不書葬，以明順也。」

按：此即《禮記．昏義》所謂：「天子聽男教，后聽女順。天子理陽道，后治陰德。天子聽外治，后聽內職。教順成俗，外內和順。」國家治理，此之謂盛德之義也。亦〈家人〉之卦所謂「女正位乎內，男正位乎外」之義。蓋「婦順備，而后內和理；內和理，而后家可長久也」（《昏義》）。若婦有不順乎內，而干外事，則《春秋》必備書以譏之。故僖公三十有一年：「杞伯姬來求婦。」《傳》云：

> 「其來求婦，曷為亦書？見婦人之不可預國事也。王后之詔命不施於天下，夫人之教令不施於境中。婚姻，大事也。杞獨無君乎？而夫人主之也，故特書于策，以為婦人亂政之戒。」

又《春秋》重嫡妾之分，蓋內寵竝后，則婚姻之道苦，而致亂之所由也。故文公九年：「秦人來歸僖公成風之襚。」《傳》云：

> 「寵愛仲子，以妾為妻者，惠公也。故書惠公仲子，所以正後世之為人夫者，當明夫道，不可亂嫡妾之分，以卑其身。尊崇風氏，立為夫人者，僖公也。故書僖公成風，所以

正後世之為人子者，當明子道，不可行僭亂之禮，以賊其父。」

爲夫、爲子固必若此，而爲王、爲侯者，尤當如是。故前賵仲子，則名天王之宰以貶之；後葬成風，則王不稱天以譏之，皆所以定嫡妾之分也。

又男女之際，當以禮義以爲防。故莊公二十年：「夫人姜氏如莒。」《傳》云：

「衛女嫁於諸侯，父母終，思歸寧而不得，故泉水賦。許穆夫人，閔衛之亡，思歸唁其兄而阻於義，故〈載馳〉作。聖人錄於國風，以訓後世，使知男女之別，自遠於禽獸也。」

蓋禮義者，天下之大防也。其禁亂之所由生，猶坊止水之所自來也。若文姜之會于糕，享於祝丘；又如齊師，又會於防，於穀；又如齊，再如莒。是不知婦人、從人者也，夫死從子之禮。故以舊坊爲無用而廢之，終使莊公不能有所爲也。由是言之，莊公會其女於洮，亦不能節之以禮，而寵愛之過可知（莊公二十七年）。終使僖公因愛其女、使自擇配（僖公十四年），而典訓亡矣。

由上而論，若紀叔姬之全節守義，不以亡故虧婦道者（莊公十二年）；又如傅姆不在，宵不下堂，爲全其節，守死不回，以明婦道如宋伯姬者（襄公三十年）。聖人皆特書之於經，所以著其賢行，勵天下以婦道。始聞叔姬、伯姬之風而必有興起者也。

㈡齊家治國之本肇端於父子之秉彝

有夫婦，然後有父子，父父、子子，則家道正，國本固，而天下定矣。若父不父、子不子，則履霜堅冰之所由致也。故昭公十有九年：「葬許悼公。」《傳》云：

「子既生，不免乎水火，母之罪也。羈貫成童，不就師傅，父之罪也。就師、學問無力，心志不通，身之罪也。心志既通，而名譽不聞，友之罪也。名譽既聞，有司不舉，有司之罪也。有司舉之，王者不用，王者之過也。」

因是之故，「古者，太子自其初生，固舉之以禮，有司端冕見之南郊，過闕則下，過廟則趨，爲赤子而其教已有齋肅敬慎之端矣。此春秋訓臣子，除惡於微，積善於早之意也」（同上）。而此皆爲父之責也。故桓公六年：「子同生。」《傳》云：

「適冢始生，即書于策，與子之法也。……與子者，定於立嫡，傳子以嫡，天下之達禮也。故有君薨而世子未生之禮。植遺腹、朝委裘、而天下不亂者，以名分素明而民志定也。經書子同生，所以明與子之法，正國家之本，防後世配嫡奪正之事，垂訓之義大矣。」

蓋名位既定，而後可訓以義方；既訓以義方，則無驕奢淫泆之失。故隱公四年：「衞州吁弒其君完。」《傳》云：

「此衛公子州吁也。而削其屬籍，特以國氏者，罪莊公不待之以公子之道，使預聞政事，主兵權而當國也。以公子之道待州吁，教以義方，弗納於邪，不以賤防貴，少陵長，則桓公之位定矣。亂何由作。」

又莊公八年：「齊無知弒其君諸兒。」《傳》云：

「無知曷為不稱公孫而以國氏？罪僖公也。弒君者無知，於僖公何罪乎？不以公孫之道待無知，使恃寵而當國也。按無知者，夷仲年之子；年、僖公母弟也。私其同母，異於他弟，施及其子，衣服禮秩如嫡，此亂本也。」

凡此皆有子不教之過，是父不父，子不子，則國本動，家道衰。而不仁之術施於父子兄弟之間矣。故文公元年：「楚世子商臣弑其君頵。」《傳》云：

「楚頵僭王，憑陵中國，戰勝諸侯、毒被天下。然昧於君臣父子之道，禍發蕭牆而不之覺也。」蓋「嫡妾必正，而楚子多愛；立子必長，而楚國之舉常在少者；養世子不可不慎也，而以潘崇為之師；侍膳問安，世子職也，而多置宮甲。」由是觀之，楚子之不善教子以義方，故蕭牆之禍發也。」

又申生之事亦是也。僖公五年：「春，晉侯殺其世子申生。」《傳》云：

「申生進不能自明，退不能違難，愛父以姑息，而陷之不義，讒人得志。幾至亡國，先儒以為大仁之賊也。」

蓋晉獻公內寵竝后，嬖子配適，是父不父矣。而申生以不忍父之「居不安，食不飽」，而不敢以自明。終使讒人得志，幾至亡國。是父不父，而子亦不可以不子，不然，簒弒一起而國本動矣。

又子之侍父亦有道，故昭公十有九年：「許世子止弒其君買。」《傳》云：

「古者，醫不三世，不服其藥。夫子之所慎者三，疾居其一。季康子饋藥。曰：丘未達，不敢嘗。故慎其身如此也。而於君父可忽乎？君有疾，飲藥，臣先嘗之；父有疾，飲藥，子先嘗之。蓋言慎也。止不擇醫而輕用其藥，藥不先嘗而誤進於君，是有忽君父之心而不慎矣。」

蓋止有忽君父之尊，故不爲之慎，此即簒弒之萌，堅冰之漸，而《春秋》之所謹者。此其所以以弒書也。由是而論，父父，子子，固爲家道正，國本固，而天下定之本矣。

㈢治國平天下之本肇基於君臣之正位

爲天下主者，天也。繼天者，君也（宣公十五年：「王札子殺召伯毛伯」傳）。故天子王天子，諸侯擁國，大夫稱家，此不可亂者也。故昭公二十有二年：「王室亂。」《傳》云：

「王者以天下為家，則以京師為室；京師者、本也。周公作〈立政〉，曰：『迪惟有夏，乃有室大競。』其作〈鴟鴞〉詩以遺成王，亦曰：『既取我子，無毀我室。』皆指京師言之也。以京師為室，王畿為堂，諸夏為廷戶，四夷為藩籬。」

由是言之，天子之於天下，率土之濱，莫非王臣，非諸侯所敢擅也。故《春秋》以尊王爲義，所以立天下之防，抑人之欲也。故成公元年：「王師敗績于茅戎。」《傳》云：

「程氏曰：王師於諸侯不言敗，諸侯不可敵王也。於夷狄不言戰，夷狄不能抗王也。不可敵，不可抗者，理也。……桓王伐鄭，兵敗身傷，而經不書敗，存君臣之義，立天下之防也。劉康公邀戎伐之，敗績於徐吾氏，而經不書戰，辨華夷之分，立中國之防也。」

蓋王者至尊，故不可敵，不可抗也。非但不可敵，不可抗，且當秉君命行事，故桓公五年：「蔡人、衛人、陳人從王伐鄭。」《傳》云：

「三國以兵會伐，則言從王者，又以明君臣之義也。君行臣從，正也。戰于繻葛而不書戰，王卒大敗而不書敗者，又以存天下之防也。」

按：君行臣從，即尹覆露而臣持載之義，而所謂君臣有義者也。故人臣之行，必本諸王命。是以，以王命行者，《春秋》必褒之。故莊公六年：「王人子突救衛。」《傳》云：

「朔陷其兄，使至於死，罪固大矣。然其父所立，諸侯莫得而治也。王治其舊惡而廢之，可也。又藉諸侯之力，抗王命以入國，是故，四國之君，貶而稱人，王人之微，嘉而書字。」

故以王命行者，雖下士之微，序乎方伯之上，所以尊君命也。故僖公八年：「公會王人、齊侯、宋公、衞侯、許男、曹伯、陳世子欵，盟于洮。」《傳》云：

「王人，下士也。內臣之微者，莫微於下士。外臣之貴者，莫貴於方伯。今以下士之微，序乎方伯、公侯之上，外輕內重，不亦偏乎？《春秋》之法，……以王命行者，雖下士之微，序乎方伯公侯之上，不以其賤故輕之也。然則班列之高下，不在乎內外，特係乎王命耳。聖人之情見矣，尊君之義明矣。」

反之，不以君命行事者，雖內臣，《春秋》亦貶之。故「祭伯來」（隱公元年），《傳》云：

「祭伯，畿內諸侯、為王卿士，來朝于魯，而直書曰來，不與其朝也。人臣義無私交，大夫非君命不越境。所以然者，杜朋黨之原，為後世事君而有貳心者之明戒也。」

又莊公二十有三年：「祭叔來聘。」《傳》云：

「穀梁子曰：其不言使，天子之內臣也。不正其私交，故不與使也。」

按：祭伯、祭叔之事，既貶私交，又所以垂後世法。是以，尹氏、王子虎、劉卷之卒，雖來訃，而不書其爵秩者，皆所以正人臣之義也。

由是而論，天下無生而貴者，雖世子，猶待誓於天子，然後爲世子（莊公六年：《子同生》

傳〉。諸侯之即位必稟天子之命，而後行即位之禮（〈謹始例〉）。

由是言之，方伯、公侯之靖亂、勤王，亦必請王命而後行。故僖公二年：「城楚丘。」《傳》云：

「楚丘、衛邑。桓公帥諸侯城之而封衛也。不書桓公，不與諸侯專封也。……城楚丘，是擅天子之大權而封國也。」

由是言之，諸侯之攘外夷，雖關華夷之防，若不請王命，如齊桓、晉文之攘楚，《春秋》猶以擅合諸侯而誅之。

若夫諸侯之領土，則上受之天王，下傳自先祖，所以守宗廟之典籍者，亦非强侯之所得兼。若已不能爲善自强，以保疆土，而使失之，亦春秋之所罪。此《春秋》書圍、書取之義也。即收故土疆，如不請王命，亦非也。故隱公四年：「莒人伐杞，取牟婁。」《傳》云：

「聖王不作，諸侯放恣，強者多兼數圻，弱者日以侵削，當是時，有取其故地者，夫豈不可。然僖公嘗取濟西田矣，成公嘗取汶陽田矣，亦書曰取，何也？苟不請於天王，以正疆理，而擅兵爭奪，雖取本邑，與奪人之有，無以異。《春秋》之義，不以亂易亂，故亦書曰取，正其本之意也。」

諸侯擁國，四境之內，莫非其土，則非大夫之所可專也。故昭公三十年：「公有乾侯。」《傳》云：

「公去社稷，于今五年，每歲首月不書公者，在魯四封之內，則無適而非其所也。至是鄆潰，客寄乾侯，非其所矣。歲首必書公之所在者，蓋以存君，不與季氏之專國也。而罪臣子，譏諸侯之意具矣。」

又春秋之法，君爲重，師次之，大夫敵。其所以異於孟子之言者，以孟子爲時君牛羊用人，而莫之恤。故以民爲貴，君爲輕言之。而《春秋》正名定分，爲萬世法，故以君爲重，師次之。堯以天下命舜，舜亦以命禹，必稱元后爲先，此經世大常，而仲尼祖述之也（僖公十有五年：「晉侯及秦伯戰于韓，獲晉侯」傳）。故文公十有六年：「宋人弒其君杵臼。」《傳》云：

「君無道而弒之可乎？諸侯殺其大夫，雖當於罪，若不歸諸司寇，猶有專殺之嫌，以為不臣矣。泥於北面歸戴，奉之以為君也。故曰：人臣無將，將而必誅。昭公無道，聖人以弒君之罪歸宋人者，以明三綱、人道之大倫，君臣之義不可廢也。然則，有土之君，可以肆於民上而無誅乎？諸侯無道，天子方伯在焉，臣子國人其何居？死於其職，而明於去就從違之義，斯可矣。」

又謂《春秋》抑强臣，扶弱主，故諸侯有敢上與天王伉者必抑之。故僖公二十有八年：「公會晉侯、齊侯、宋公、蔡侯、鄭伯、衞子、莒子、盟于踐土。」《傳》云：

「踐土之會，天王下勞晉侯，削而不書，何也？周室東遷，所存者號與祭耳，其實不及一小國之諸侯。晉文之爵，雖曰侯伯，而號令天下，幾於改物，實行天子之事，此《春秋》之名實也。與其名存實亡，猶愈於名實俱亡。是故天王下勞晉侯于踐土，則削而不書，去其實以全名，所謂君道也，父道也。晉侯以臣召君，則書天王狩于河陽，正其名以統實，所謂臣道也，子道也。而天下之大倫尚存而不滅矣。」

文公二年：「及晋處父盟。」《傳》云：

「及處父盟者，公也。其不地，於晉也。諱不書公者，抑大夫之伉，不使與公為敵。正君臣之分也。」

由是觀之，《春秋》之義，尊天王，抑强侯；尊諸侯，抑大夫。所以正君臣上下之義也。又謂卿佐者，君之股肱，當使其君尊榮，使民免於侵陵之患。若宰咺以六卿之長下賵諸侯之妾，宰渠伯糾以六卿之長下聘弒逆之賊，失職亂道，故皆書名以貶之，則「爲君盡君道，爲臣盡臣道，各守其職而不逾」（昭公二十五年）。天下治矣。

又謂君之所司者，命也。爲人臣而侵其君之命，則不臣；爲人君而假其臣以命則不君。君不君，臣不臣，天下所以傾也（宣公十五年）。此《春秋》書尹氏卒、武氏、乃叔之子之義也。蓋皆世執朝權，以爲周階亂也。而於魯書季友、仲遂亦其義，其後三桓作舍三軍，而公孫于齊，薨于乾侯，定公無正皆可知矣。然三桓既不臣，於是，南遺叛，陽虎專，季孫囚。由是觀之，三綱之不可紊也甚明矣。

三、政術之基在以禮治國

昔夫子嘗云：「爲國以禮。」（《論語．先進》）。又云：「齊之以禮」（《爲政》）。又云：「能以禮讓爲國乎！何有？不能以禮讓爲國，如禮何？」（《里仁》）。首揭治國以禮之說。文定本之，其解《春秋》，論治國之道，每因禮以爲說。如：

昭公二年：「公如晉，至河乃復。」《傳》云：

「舉動，人君之大節，賢哲量之以行藏其道，姦邪窺之以作止其惡，四鄰視之以厚薄其情，故有國者，必謹以禮而後動，此守身之本，保國之基也。」

此條揭櫫人君之言行舉措，必本之於禮，而後國本固，姦邪不敢作，四鄰不敢窺也。又成公八年：「衛人來媵。」《傳》云：

「以禮制欲則治，以欲敗禮則亂。」

此條即人君舉措之一，能以禮制欲則國治，而天下平。若逞欲以敗禮，則國必敗。然禮有本末，此又不可不知。故昭公二十有五年：「齊侯唁公于野井。」《傳》云：

「禮有本末，正身治人，禮之本也；威儀文詞，禮之末也。」

文定論禮之處甚多，大要皆如此。蓋欲人君謹禮而動，以守身、保國。特不可如魯昭公之但習威儀文詞等末節，而不知修禮之本，因終不能撫有其國。故人君之舉措，若有不能謹於禮者，文定必責之。如：

隱公四年：「夏、公及宋公遇于清。」《傳》云：

「遇者，草次之期，古有遇禮，不期而會，以明造次亦有恭肅之心。《春秋》書遇，私為之約，自比於不期而遇者，直欲簡其禮耳。簡略慢易，無國君之禮，則莫適主矣。……故凡書遇者，皆惡其無人君相見之禮也。」

又如：

隱公五年：「春，公觀魚于棠。」《傳》云：

「齊景公問於晏子，吾欲觀於轉附、朝舞，遵海而南，放於琅琊，何修而可比於先王觀也。對曰：天子適諸侯曰巡狩，巡所狩也。諸侯朝於天子曰述職，述所職也。無非事者。春省耕而補不足，秋省斂而助不給。是故諸侯非王事則不出，非民事則不出。今隱公慢棄國政，遠事逸遊，僖伯之忠言不見納亦已矣。又從而為之辭，是縱欲而不能自克之以禮也。能無鍾巫之及乎？特如觀魚，譏之也。」

按：文定執禮以責時君，若此類者，夥頤沈沈矣。今不具述。

四、爲政之本在誠信不在盟誓

《論語》載孔子答子貢之問云：「自古皆有死，民無信不立。」（〈顏淵〉）。而《禮運》載孔子之言，則曰：「大道之行也，與三代之英，丘未之逮也，而有志焉。」又謂「大道之行也，天下爲公，選賢與能，講信修睦。」文定本之，以爲孔子之作《春秋》，志在於天下爲公，而以講信修睦爲事。故隱公三年：「齊侯、鄭伯盟于石門。」《傳》云：「有虞氏未施信於民而民信，夏后氏未施敬於民而民敬；殷人作誓而民始畔，周人作會而民始疑。子曰：大道之行，與三代之英，丘未之逮也，而有志焉。」因歷述《春秋》公天下之義。如：

隱公元年：「公及邾儀父盟于蔑。」《傳》云：

「《春秋》大義，公天下，以講信修睦為事，而刑牲歃血，要質鬼神，則非所貴也。」

又桓公十有一年：「公會宋公于闞。」《傳》云：

「《春秋》之志在於天下為公，講信修睦，不以會盟為可恃也。」

夫子既志於天下爲公，以講信修睦爲事。因申明誠信之效用。故成公九年：「同盟于蒲。」《傳》云：

「夫信在言前者，不言而自喻；誠在令外者，不令而自行。」

因是之故，故衛獻公言於甯喜，求復國。喜曰：必子鮮在，不然必敗。小邾射以句繹來奔，曰：使季路要我，吾無盟。此大信不約而自喻之效也。反之，則生不若死，蓋無信則不立故也。是以，莊公十有六年：「同盟于幽。」《傳》云：

「自古皆有死，民無信不立。故聖人以信易食荅子貢之問，君子以信易生重桓王之失。」

因是，凡治國者，莫強於惇信義，而盟會不與也。蓋盟會者，乃聖人待衰世之法也。故隱公八年：「宋公、齊侯、衛侯盟于瓦屋。」《傳》云：

「大道隱而家天下，然後有誥誓；忠信薄而人心疑，然後有詛盟；盟詛煩而約劑亂，然後有交質子。至是傾危之俗成、民不立矣。……周官設司盟，掌盟載之法，凡邦國有疑，則請於會同，聽命於天子，亦聖人待衰世之忠耳。」

然《春秋》之作，要在撥亂返正，以復大道流行之時，故革薄從忠，因特謹參盟，善胥命，而美蕭魚之會也。是以，外盟會，在春秋之亂世、固常事；而於聖人之王法、則非常也。謹而書之，皆惡之也。蓋《詩》所謂：「君子屢盟，亂是用長」（《詩・小雅・巧言》）故也。

五、爲政之端在嚴義利之辨

昔孟子語梁惠王，嘗云：「王亦曰仁義而已，何必曰利。」文定本之，乃極陳義利之辨。嘗謂「義者，天理之公；正其義，則推之天下國家而可行。利者，人欲之私；放於利，必至奪攘而後厭。」（桓公元年：「鄭伯以璧假許田」傳）。因於天王之求賻，求車，力陳其害。云：

「夫上有好者，下必有甚焉者矣。王者有求，下觀而化，諸侯必將有求以利其國，大夫必將有求以利其家，士庶人必將有求以利其身，皇皇焉，唯恐不足。未至於篡弒奪攘，則不厭矣。古之君人者，必昭儉德，以臨照百官，尊卑登降，各有度數，示等威，明貴賤，民志既定之後，皆安其分而無求，兵刑寢矣。及侈心一動，莫為防制，必至於亢不衷，官失德，廉恥道喪，寵賂日章，淪為危亡而後止。」（桓公十五年：「天王使家父來求車」傳）。

按：此據《孟子・梁惠王篇》，及左氏桓公二年傳文③，發明上下交征利，必至奪攘篡弒之理也。故居上位者，尤當爲天下儀表，以昭德爲急。由此知諸侯修睦以蕃王室，所主者義爾。嘗云：

「茍以為利，使為人臣者，懷利以事其君；為人子者，懷利以事其父；為人弟者，懷利以事其兄。諸侯必曰：何以利吾國，大夫必曰：何以利吾家，士庶人必曰：何以利吾身。上下交征利，不至於篡弒奪攘，則不厭矣。」（隱公六年：「鄭人來輸平」傳）。

由是之故，春秋於「以利相結」者必加貶絕，所以明有國者，必正其義，不謀其利，以杜亡國敗家之本也。

由是而論，齊桓公九合諸侯，不以兵車，威令加乎四海，雖名方伯，實行天子之事。而尊王攘夷，聖人且有微管仲，吾其被髮左衽之歎。然既卒，九月而後葬，亦以見功利之在人淺矣（僖公十八年：「葬齊桓公」傳）。宋襄之起，執滕子，盟曹南，則其圖霸亦勤矣，而卒於兵敗身傷者，蓋亦速見小利之過也（僖公十九年：「宋人圍曹」傳）。若夫晋文，城濮一戰，遂主夏盟，而民免被髮左衽矣，然《春秋》無美詞以稱揚其績者。蓋仁人明其道不計其功，正其義不謀其利故也。所以明王道而垂後戒也。

故治國者莫如仗義，而《春秋》亦伸道不伸邪，榮義不榮勢。蓋正己而無慍乎人，仁禮存心而不憂橫逆之至也。此《春秋》書會于沙隨，不見公（成公十六年），盟于平丘，公不與盟（昭公十三年）之義也。今按沙隨之會，《傳》云：

「沙隨之會，魯有內難，師出後期，所當恤者。晉人聽叔孫僑如之譖，怒公而不見，曲在晉矣。魯侯自反，非有背仁棄禮，不忠之咎也。」

而平丘之盟，《傳》云：

「晉主此盟，德則不競，而矜兵甲之威，肆脅持之術，以諸侯上要天子之老而歃血，以中國同惴夷狄篡立之主而結盟，無禮義忠信誠慤之心，而以威詐涖之，具此五不韙者，得不與幸焉。」

蓋「自反而縮，雖千萬人吾往矣」④。乃先聖之垂訓也。而彼以其威，我以其理；彼以其勢，我以其義，乃孟氏之昌言也⑤。治國者若能明其義而用之，則可得立身行己之道，而强與力不與焉。

由是言之，大夫出境，若專命行事，雖有利國家，安社稷之功，使者當以矯制請罪，有司當以擅命論刑。終不以一時之功，亂萬世之法。此春秋書公子結媵陳人之婦于鄄，遂與齊侯、宋公盟之義也（莊公十九年）。倘若君臣父子，去仁義，懷利以相與，利之所在，則從之。則一失爲夷狄，再失爲禽獸矣。故春秋於三叛人⑥，雖賤而特書其名者，將以懲不義，懼淫人，爲後戒也。

又制敵莫如仗義，蓋天下莫大於理，莫强於信義，循天理，惇信義，以自守其國家，則敵虜雖强，何懼焉。此爰婁之盟，及在晋之義（成公二年）。緣齊雖侵虛，未若荊楚之暴也。諸國大夫含憤積怒。欲雪一笑之恥，至於殺人盈野，非有擊强扶弱之心，國佐如師，將以賂免，非服之也。晋大夫又不以德命，使齊人盡東其畝，而以蕭同叔子爲質。夫蕭同叔子，齊君之母也，則亦悖矣。由是國子不可，請合餘燼，背城借一。於是卻克與之盟，此所以及在晋也。著制敵者莫如仗義，而强有力不與焉。又杞子、先軫之謀，偷見一時之利，僥倖其成功，而春秋人晋子而狄秦（僖公三十三年），則知春秋之重義不懷利矣。

六、為政之要在尚德而賤力

昔夫子論政，嘗云：「為政以德」。（《論語·為政》）。又云：「道之以德，齊之以禮，有恥且格」（同上）。至衞靈公之問陳，則謂「俎豆之事，則嘗聞之矣！軍旅之事，未之學也」（衞靈公）。若語冉求，則又謂「遠人不服，則修文德以來之」（季氏）。而南宮适之問，謂「羿善射，奡盪舟，俱不得其死，然禹稷躬稼而有天下。」遂許以君子人也，尚德人也（《憲問》）。由是觀之，為政之要，唯德是尚，而强有力不與焉。文定既以《春秋》為經世大法之所寓，故於尚德賤力之訓，尤拳拳服膺也。故莊公十年：「春，王，正月，公敗齊師于長勺。」《傳》云：

「善為國者不師，善師者不陣，善陣者不戰。故行使則有文告之詞，而疆場則有守禦之備，至於善陣，德已衰矣。」

蓋治國者雖不可無武備，要以德治為之主。故齊魯夾谷之會，孔子責齊侯以「夷不亂華，俘不干盟，兵不逼好，於神爲不祥，於德爲愆義，於人爲失禮。」齊侯遽止而歸鄆、讙、龜陰之田（定公十年：「公會齊侯于夾谷」傳）。蓋德盛而理直故也。是以莊公三十年：「齊人伐山戎。」《傳》又云：

「夫北戎病燕，職貢不至。桓公內無因國，外無從諸侯，越千里之險，為燕闢地，可謂能修方伯連帥之職，何以譏之乎？桓不務德，勤兵遠伐，不正王法以譏其罪，則將開後世之君，勞中國而事外夷，捨近政而貴遠略。困吾民之力，爭不毛之地，其患有不勝言者。故特貶而稱人，以為好武功而不修文德者之戒也。」

凡此，皆本夫子「爲政以德」之訓也。故人君之舉措，若有不合者，必譏之。是以宋襄公之圍曹。《傳》云：

「盟于曹南，口血未乾。今復圍曹者，討不服也。愛人不親反其仁，治人不治反其智，襄公不能內自省德，而急於合諸侯。……不知反求諸己，欲速見小利之過也」（僖公十有九年：「宋人圍曹」傳）。

又魯僖公之如楚乞師以抗齊，亦不知德之過也。故《傳》云：

「僖公不能省德自反，深思遠慮，計安社稷，乃乞楚師與齊為敵，是以蠻夷殘中國也。」（僖公二十有六年：「公子遂如楚乞師」傳）。

若夫一旦明德改過，《春秋》必與之，此秦穆公之事是也。秦穆與晉襄，自殽之役始⑦，兵連禍結，自彭衙⑧，王官及郊⑨。至邧、新城⑩，其禍可謂慘矣。然秦穆一旦悔過，文定一則曰：

「春秋諸侯之知德者鮮矣，穆公初聽杞子之請，違蹇叔之言，其名為貪兵，是欲而不能窒也。及敗於殽，歸作〈秦誓〉，庶幾能改。將窒其欲矣。復起彭衙之師，報殽函之役，其名為憤兵，是忿而不能懲也。今又濟河取郊，人之稱斯師也何義哉！晉人畏秦而不出，穆公逞其忿而後悔，自是見報不伐，始能踐自誓之言矣」（文公三年：「秦人伐晉」傳）。

再則云：

「襄公忘親背惠，大破秦師，敗狄于許，怒魯侯之朝也，而以無禮施之，是專尚威力，先事加人，莫知省德而後動也。今又報秦，不足罪矣。穆公初敗於殽，悔過自誓，增修德政，宜若過而知悔，悔而能改，又有濟河之役，則非誓言之意，所以備責之也。然晉襄見伐而報猶無譏焉。秦穆至是見伐而不報，善可知矣。不譏晉侯，所以深善秦伯。春秋大改過，嘉釋怨，王者之事也」（文公四年：「晉侯伐秦」傳）。

按：晉襄雖中國之諸侯，以其專尚威力，不知省德，故深貶黜之。而秦穆雖夷狄之君，以其知悔過，增德修政，故遂待之以王事。則春秋之尚德而賤力亦明矣。

七、仁政之道在勤政愛民

古者，天子適諸侯曰巡狩，巡所守也。諸侯朝於天子曰述職，述所職也。無非事者，春省耕而補不足，秋省斂而助不給。故程子曰：「爲民立君所以養之也，養民之道在愛其力，民力足則生養遂，生養遂則教化行而風俗美。故爲政，以民力爲重也。」（《程氏經說》卷五）。文定本之，遂力陳爲政養民之道。故莊公二十有八年：「大無麥禾。」《傳》云：

「大無者，倉廩皆竭之詞也。古者，三年耕，餘一年之食，九年耕，餘三年之食。今莊公享國二十八年，當有九年之積，而虛竭如此，所謂寄生之君也。」

蓋「民事，古人所急；食者，養民之本。」今爲政而不知敦其本，何以國爲？故知莊公爲「寄生之君。」又下文「臧孫辰告糴于齊。」《傳》又云：

「劉敞曰：不言如齊告糴，而曰告糴于齊者，言如齊則其詞緩，告糴于齊則其情急。所以譏大臣任國事，治名不治實之蔽也。」

按：此責輔佐之臣，不能以務本之事，善導其君。及饑，乃告糴他國，以求名之非。然欲養民者，必先能志乎民事而後可。故僖公三年：「春王正月，不雨。夏四月，不雨。」《傳》云：

「穀梁子曰：不雨者，勤雨也，每時而一書，閔雨也，閔雨者，有志乎民也。」

故文定以詩爲證，謂「按詩稱僖公儉以足用，寬以愛民，務農重穀，則誠賢君也。」考所謂有志乎民者，蓋心在於民，而憂民事也。僖公以憂民事，不雨則閔，此知本之君也。然憂民事者，尤當愛民力。故隱公七年：「夏，城中丘。」《傳》引程氏之言云：

「為民立君，所以養之也。養民之道，在愛其力，民力足則生養遂，教化行，風俗美。故為政以民力為重也。《春秋》凡用民必書其所興作，不時害義，固為罪矣。雖時且義亦書，見勞民為重事也。人君而知此義，則知慎重於用民力矣。」

蓋君人者，能知慎用民力，則不妄興作，春生、夏長、秋收，不奪其時，則五穀豐，而民食足。然要皆根由閔民之心以爲主也。無志乎民事若魯文者⑪，雖歷時無雨而不知憂；若魯宣者，螽蝝遽至，而食廩匱竭。是皆務華去實，處內事外，而不知敦本之病也。

又《中庸》云：「至誠無息，不息則久。」文定以爲《春秋》謹始卒者，蓋此義也。「欲有國者，敦不息之誠也。」若「始勤而終怠，則不能久，而無以固其國矣。」（僖公十五年：「公孫敖帥師及諸侯之大夫救徐」傳）。此齊桓之事可知也。僖公十有三年：「狄侵衞。」《傳》云：

「齊桓公為陽穀之會，是肆于寵樂，其行荒矣。楚人伐黄而救兵不起，是忽于簡書，其業怠矣。然後狄人窺伺中國，今年侵衛，明年侵鄭，近在王都之側，淮夷亦來病杞而不忌也。」

故齊桓之起，積二十餘年之力，終能一問楚罪而成攘夷之功。至楚人伐黃而救兵不起，終使夷狄交侵中國。則君人者之不可不「敦不息之誠」信矣。列國之事又有可知者，如襄公十有六年：「大夫盟。」《傳》云：

「諸侯皆在是，若欲使大夫盟者，則宜書魯卿及諸侯之大夫盟可也。而獨書大夫何也？諸侯失政，大夫皆不臣也。上二年春正月，會于向，十有四國之大夫也。夏四月會伐秦，十有三國之大夫也。冬會于戚，七國之大夫也。此三會皆國之大事也。而使大夫皆專之，而諸侯皆不與焉。是列國之君，不自為政，弗躬弗親，禮樂征伐已自大夫出矣。」

按：列國之君不能以禮自强，黽勉國事，故大夫得以專政。終使禮樂征伐自大夫出，豈不可畏哉！故文定云：「昔伯益戒于舜曰：『無怠無荒，四夷來王。』此至誠無息，帝王之道，而《春秋》之法也」（僖公十三年：「狄侵衛」傳）。此蓋亦孔子告弟子以「無倦」⑫之義也。

八、民族之大義在謹夷夏之防

韓愈氏謂「《春秋》謹嚴」（《進學解》），論者以爲深得其旨。然其所謹者，特在嚴華夷之辨耳。攷《春秋》所以謹華夷之辨者，要在明族類，別內外也。蓋「戎狄之有君，不如諸夏之亡」（《論語・八佾》），以其無禮義也。故《詩・大雅》云：「戎狄是膺，荊舒是懲。」而中國者，禮義之所出，仁信以爲邦。故四夷者，正朔之所不加，禽獸之與鄰也。是以，中國之有夷狄，猶君子之有小人。內君子，外小人，爲泰。內小人，外君子，爲否。而《春秋》，聖人傾否之書，其所以內中國，外四夷者，欲使各安其所，得永泰而不否也。

是以，古者天子以京師爲室，以王畿爲堂，以諸夏爲戶庭，以四夷爲藩籬，使各安其所而不相亂，則天下平。故文定於文公八年：「冬、十月、壬午，公子遂會晉趙盾，盟于衡雍。乙酉、公子遂會雒戎盟于暴。」乃發中國、夷狄不可雜處之說。云：

「《春秋》記約而志詳，其書公子遂盟趙盾及雒戎，何詞之贅乎？曰：聖人謹華夷之辨，所以明族類，別內外也。雒邑、天地之中，而戎醜居之，亂華甚矣。再稱公子，各日其會，正其名與地，以深別之者，示中國、夷狄，終不可雜也。」

蓋戎狄豺狠，非我族類，不知仁義禮信，其性不可厭。使居塞內，其心必異，而萌猾夏之階，其禍不可長。故內諸夏外夷狄者，乃所以立天下之防也。

由是而論，夷狄之於中國，無事焉。其於天子世一見，則諸侯雖善其交際，不得而通焉。昔周公致太平，越裳氏重九譯而獻其白雉。公曰：君子德不及焉，不享其贄（劉敞《春秋意林》卷下），雖云讓也，亦所以外之。故中國禮義之君，若不能以禮治國，又頻與四夷交會者，《春秋》必書，所以譏其不知務而危之也。故隱公二年：「公會戎于潛。」《傳》云：

「書會戎，譏之也。」

隱公二年：「公及戎盟于唐。」《傳》云：

「中國而夷狄則狄之，夷狄膺夏則膺之，此《春秋》之旨也。而與戎歃血以約盟，非義矣。是故，成於日者，必以事繫日。……謹之也。」

桓公二年：「公及戎盟于唐。冬，公至自唐。」《傳》云：

「遠與戎盟而書至者，危之也。程氏所謂居夷浮海之意是矣。語不云乎！夷狄之有君，不如諸夏之亡也。」

蓋人之所以為人，中國之所以為中國，信義而已矣。戎狄豺狼，何信之有，而與之會盟，故謹而危之也。

若又有中國冠帶之君，不能以禮自強，俛首俯仰於戎狄之間，則必貶之罪之矣。故僖公十有九年：「會陳人、蔡人、楚人、鄭人，盟于齊。」《傳》云：

「為此盟者，乃公與陳、蔡、楚、鄭之君，或其大夫矣。曷為內則沒公，外則人諸侯與其大夫，諱是盟也。楚人之得與中國會盟自此始也。……桓公既沒，中國無霸，鄭伯首朝于楚，其後遂為此盟。故《春秋》沒公，人陳、蔡諸侯，而以鄭列其下，蓋深罪之也。」

又僖公二十有一年：「公會諸侯，盟于薄，釋宋公。」《傳》云：

「盟不書所為，而盟于薄，言釋宋公者，宋方主會而蠻夷執而伐之，以其俘獲來遺，是夷狄反為中國主，禽獸將逼人而食之矣。此正天下大變，《春秋》之所謹也，魯既不能申大義，以抑其強暴，使宋公見釋，出自天王與中國。而顧與歃血要言，求楚子以釋之，是操縱大權自蠻夷出，其事已慎甚矣。故書會、書盟、書釋，皆不言楚子，為魯諱，以深貶之也。」

按：荊楚自莊公十年始見於經，十四年入蔡，十六年伐鄭，其勢漸強。至齊桓圖霸，問罪於召陵而一服之。今齊桓既沒，陳、蔡、魯、鄭不能以禮自強。鄭人首朝於楚，四國復會楚于齊，至盂之會，諸侯皆在，而聽蠻夷執會主。至是，又求楚以釋宋公，誠天下之大變也。故貶之罪之也。

若又有冠帶之國，而行夷狄之行，則夷狄之。以其自絕於禮義故也。是以，桓公十有五年：「郲人、牟人、葛人來朝。」《傳》云：

「《公羊》曰：皆何以稱人？夷狄之也。其狄之何？天主崩，不奔喪，而相率朝弑君之賊也。」

按：諸侯爲天王服斬衰，禮，當以所聞先後而奔喪。今桓王崩，而三國不以所聞先後奔喪，反相率朝弒逆之賊，是自絕於禮義，而爲禽獸行，故狄之。此韓氏愈所謂「諸侯用夷禮制夷之」（《原道》）是也。

又僖公二十有三年：「杞子卒。」《傳》云：

「按《左氏》杞成公卒。書曰子。杞，夷也。杜預以謂杞實稱伯，而書曰子者，成公始行夷禮終其身。故仲尼於其卒，以文貶之，此說是也。」

按：《春秋》嚴華夷之辨，中國之所以爲中國，以禮義也，一失則爲夷狄，再失則爲禽獸，故夷不亂華也。而成公始變之，故貶。

又成公五年：「鄭伐許。」《傳》云：

「稱國以伐，狄之也。晉、楚爭鄭，鄭兩事焉。及邲之敗，於是乎專意事楚，不通中華。晉雖加兵，終莫之聽也。至此，一歲而再伐許，甚矣。夫利在中國則從中國，利在夷狄則從夷狄，而不擇於義之可否以為去就，其所以異於夷者幾希。」

凡此皆諸侯用夷禮，故夷之。所以懲惡而勸善也。

然則，《春秋》立法雖謹嚴，宅心則忠恕，故夷狄有進於中國者，則中國之，所以嘉其慕義而樂與人爲善。亦邇人安，遠人服之道也。故莊公五年：「郳黎來來朝。」《傳》云：

「郳、國也。黎來，名也。何以名？夷狄之附庸也。……能修朝禮，故特書曰朝。」

又莊公二十有三年：「荊人來聘。」《傳》云：

「稱人者，嘉其慕義自通，故進之也。朝聘者，中國諸侯之事，雖蠻夷而能修中國諸侯之事，則不念其猾夏不恭，而遂進焉。見聖人之心樂與人為善矣。」

又襄公五年：「公會晉侯、宋公、陳侯、衞侯、鄭伯、曹伯、莒子、邾子、滕子、薛伯、齊世子光。吳人、鄫人于戚。」《傳》云：

「吳何以稱人？按左氏吳子使壽越如晉，請聽諸侯之好，晉人將為之合諸侯，使魯、衛大夫會吳于善道，且告會期。然則、戚之事，乃吳人來會，不為主也。來會諸侯而不為主，則進而稱人。」

按：凡此皆嘉夷狄之能慕義，自邇於上國，而進之。即韓氏愈所謂「進於中國則中國之」（《原道》）是也。文定《春秋》傳類此者甚多，今不具述焉。

若夫夷狄浸强勢熾，僭號稱王者，聖人皆削而黜之，所以述天理，正人倫，大一統之義也。故宣公十有八年：「楚子旅卒。」《傳》云：

「楚僭稱王，降而稱子者，是仲尼筆之也。其不書葬者，恐民之惑而避其號，是仲尼削之也。」

又成公七年：「吳伐郯。」《傳》云：

「稱國以伐，狄之也。吳本太伯之後，以族屬言，則周之伯父也，何以狄之？為其僭天子之大號也。」

又哀公十有四年：「公會晉侯及吳子于黃池。」《傳》云：

「吳人主會，其先晉，紀常也。春秋、四夷雖大皆曰子。吳僭王矣，其稱子，正名也。」

按：凡此皆四夷勢熾，僭號稱王，而聖人降之曰子。蓋所以尊中國，大一統之義[13]也。雖吳、太伯之後，楚、祝融之後，徐、伯益之後，越、大禹之後。其上世皆爲元德顯功，通于周室，與中國冠帶之君無以異。然徐始稱王，楚後稱王，吳越因遂稱王。不知，王亦非諸侯所當稱也。

若夷狄猾夏不恭，則必膺之懲之，此魯頌所謂「戎狄是膺，荊舒是懲」是也。而東郊不開，伯禽征之，玁狁孔熾，宣王伐之，固先王之遺訓也。故宣公十有五年：「晉師滅赤狄潞氏，以潞子嬰兒歸。」《傳》云：

「徐夷並興，東郊不開，伯禽征之；玁狁孔熾，宣王伐之；楚人侵鄭，近在王畿，齊侯攘之。皆門庭之寇，不可縱而莫禦者也。」

又宣公八年：「楚人滅舒蓼。」《傳》云：

「按時稱戎狄是膺，荊舒是懲。在周公所懲者，其自相攻滅，中國何與焉？然《春秋》書而不削者：是時，楚人疆舒蓼及滑汭，盟吳越，勢益強大，將為中國憂，而民有被髮左衽之患矣。經斯世者，當以為懼，有攘卻之謀而不可忽，則聖人之意也。」

按：攘夷本《春秋》之大義，故文定〈移楊時書〉亦嘗云：「按春秋齊侯侵蔡伐楚，楚使請盟，美而書來者，荊楚暴橫，憑陵中國，鄭在畿內，數見侵暴，齊侯伐而服之，則自此帖然矣。此門庭之寇，所當懲創，不可已焉者也。」（〈先公行狀〉）。特文定又以爲「雖禦之，亦不極其兵力，殄滅之，無遺育也」（宣公十五年：「晉師滅赤狄潞氏，以潞子嬰兒歸」傳）。故宣公十有六年：「晉人滅赤狄甲氏及留吁。」《傳》云：

「春秋於外域，攘斥之，不使亂中夏，則止矣。伯禽征徐夷，東郊既開而止；宣王伐玁狁，至于太原而止；武侯征戎瀘，服其渠帥而止。必欲盡殄滅之無遺種，豈仁人之心，王者之事乎？」

蓋天無所不覆，地無所不載。而天子者，與天地參者也。故其外戎狄，內諸夏者，但使各安其所，各遂其生養而不相患足矣。豈欲盡殄滅之哉！仁人之心，王者之事，必不若此故也。所謂《春秋》嚴華夷之辨而宅心忠恕者此也。蓋欲行民族主義，以奠世界大同之基也。

本章附註

①敍傳授云：「故今所傳，事按《左氏》，義採《公羊》、《穀梁》之精者，大綱本《孟子》，而微詞多以程氏之說爲證云。」

②《宋元學案》卷三十四《武夷學案》引呂東萊與朱侍講書。

③臧哀伯諫（桓公）曰：「君人者，將昭德塞違，以臨照百官，猶懼或失之。故昭令德以示子孫，是以清廟茅屋，大路越席，大羹不致，粢食不鑿，昭其儉也。袞冕黻珽，帶裳幅舄，衡紞紘綖，昭其度也。藻率鞞鞛，鞶厲游纓，昭其數也。火龍黼黻，昭其文也。五色比象，昭其物也。錫鸞和鈴，昭其聲也。三辰旂旗，昭其明也。」

④《孟子．公孫丑》篇知言養氣章。

⑤同註④，原文：「彼以其富，我以吾仁；彼以其爵，我以吾義。」

⑥昭公五年：「夏，莒牟夷以牟婁及防茲來奔。」《胡氏傳》云：「邾，莒之大夫，名姓不登於史冊，微也。牟

夷，莒大夫，曷爲以姓氏通，重地也。以地叛，雖賤必書地，以名其人，終爲不義，弗可滅矣，其書來奔，是接我以利，而我入其利，兩譏之也。爲國以義不以利，如以利則上下交征，而國必危矣。爲己以義不以利，如以利則患得患失，亦無所不至矣。春秋，三叛人雖賤，特書其名，以懲不義，懼淫人，爲後戒也。」

⑦僖公三十有三年：「夏，四月，辛巳，晉人及姜戎敗秦師于殽。」

⑧文公二年：「晉侯及秦師戰于彭衙。」《左氏》云：「秦孟明視帥師伐晉，以報殽之役。」又同年：「冬，晉人、宋人、陳人、鄭人伐秦。」《左氏》云：「冬，晉先且居，宋公子成，陳轅選、鄭公子歸生，伐秦。取汪及彭衙而還，以報彭衙之役。」

⑨文公三年：「秦人伐晉。」《左氏》云：「秦伯伐晉，濟河焚舟。取王官及郊。晉人不出，遂自茅津濟，封殽尸而還。」

⑩文公四年：「晉侯伐秦。」《左氏》云：「秋，晉侯伐秦，圍邧、新城，以報王官之役。」

⑪文公二年：「自十有二月不雨，至于秋七月。」又十年：「自正月不雨，至于秋七月。」《胡氏〈二年〉傳》云：「書不雨至于秋七月，而不曰至于秋七月不雨者，蓋後言不雨，則是冀雨之詞，非文公之意也，夫書不雨至于秋七月而止，即八月嘗雨矣。而不書八月雨者，見文公之無意於雨，不以民事繫憂樂也。其怠於政事可知，而魯衰自此始矣。」

⑫《論語・子路篇》：「子路問政。子曰：先之、勞之。請益。曰：無倦。」又《顏淵篇》：「子張問政。子曰：

居之無倦，行之以忠。」

⑬《禮記・曲禮》：「其在東夷、北狄、西戎、南蠻，雖大曰：子。」

第四章　《春秋》寓宋①說

一、因《春秋》之微言大義以格南宋君臣之非

傳《春秋》之家，或求售其說，或欲媚時主，故每因麟經以寓時事。其《公羊》、《穀梁》二傳固無足論②矣。一代大儒若賈逵，猶以兩漢尚讖緯之學，而謂「五經之家皆無以證圖讖明劉氏爲堯後者。而《左氏》獨有明文」（《後漢書・賈逵傳》）。以求媚於時主。而有《左氏》辟之稱之杜預，其解《春秋》，於桓王之討鄭莊，則謂「鄭志在苟免王討之非」（桓公五年《左氏傳》注）。以寓高貴鄉公討司馬昭之非，而司馬昭之志在苟免也。又孔父嘉之義形於色（桓公二年《公羊傳》文），乃謂「內不能治其閨門，外取怨於民，身死而禍及其君」（《左傳注》）。仇牧之不畏彊禦（莊公十二年《公羊傳》文），又謂「不警而遇賊，無善事可褒」（《左氏傳》注）。此欲斥李豐之忠與王經之節故也。蓋「欲報司馬氏之恩，而解懿、師、昭之惡。」不得不然者也（以上參見焦循《春

秋左氏傳補疏》序及卷一）。又解「弔生不及哀」（隱公元年《左傳》），謂「諸侯已上，既葬，則繐麻除，無哭位，諒闇終喪」（同上）。此蓋武元楊皇后崩（《晉書杜預本傳》及《禮志》），而「預欲短太子喪」（王夫之《讀通鑑論》卷十一語）故也。此既欲求媚於時主，又得售其邪說者也。

若胡安國者，既歷仕哲宗、徽宗、欽宗、高宗四朝。靖康中，出入禁闈，由太常少卿，起居郎、除中書舍人。親歷金人禍國，二帝蒙塵，舉國播遷之慘劇。洎高宗即位建康，文定以爲正宜生聚教訓，嚐膽臥薪，以繼踵夏少康、越勾踐、燕昭王、漢光武諸丕烈。圖謀中興，收復失地，以湔雪君父之讎，家國之恨。然高宗、君臣將相，既無內修之備，又乏外攘之策。且姦佞用事，苟存偏安。斯時，文定既以《春秋》進講經筵，又秉命纂修《春秋》傳。因忠義憤怨於先，乃闡立國求存，復讎雪恥之民族大義於麟經，拳拳以「格君心之非，正朝臣之職」爲義。其志潔，其行忠，其意遠，其心弘，夐乎不可尚矣。故元儒汪克寬云：「文定作傳，當宋高宗南渡之初。是時，徽宗、欽宗及二后被幽於金。國遭戮辱，不可勝紀。而高宗信任秦檜之姦，偷安江左一隅，忘君父大讎，不敢興兵致討，反與之議和講好，下拜稱藩。既無外攘之策，又乏內修之備。君臣、父子，上下、內外，大義不明，莫此爲甚。是以此傳，專以尊君父，討亂賊爲要旨」（《春秋胡傳附錄纂疏》卷首）是矣。汪氏可謂深知文定者也。

吾人今日讀斯書，見天下正義道消，神州羣魔亂舞之時，而我鯤島基地，亦正宜踔厲鷹揚，以圖興復。然奢侈萎靡，歌舞昇平者，比比皆是。有識之君子，又豈能不壯氣憤激哉！故海鹽張元濟跋斯書云：「胡氏當日，無非對證發藥之言。然自今觀之，胡氏之言，又豈僅爲南渡後，宋之君臣發哉！」旨哉斯言。

然斯書固時時爲高宗揭櫫立國求存，興復雪恥之道。特又屢援有宋一代之家法以解經，故時生齟齬。使文定願忠君父，稽古圖治之志，因經說之害義，而不得一伸之。攷文定之意，或欲以宋代之家法入經，用媚時主，以求售其說乎？

二、以《春秋》齊襄復讎之義導高宗湔雪國恥

《春秋》大復讎之說，原出於《公羊》家。謂齊襄公之滅紀，爲復九世之讎。且云：「以襄公之爲於此焉者，事祖禰之心盡矣。」（《公羊》莊公四年：「紀侯大去其國」傳）。其後，漢武本之，謂「昔齊襄公復九世之讎，《春秋》大之。」（《史記・武帝本紀》）。於是，南征百越，北撻匈奴，至降服而後已。文定既親歷金人禍國，二帝蒙塵之恥，志切於復讎雪恨。故其以《春秋》進講經筵時，乃屢發《春秋》復讎討賊之義。如隱公十有一年：「冬，十有一月，壬辰，公薨。」

《傳》云：

「不書葬，示臣子於君父有討賊復讎之義。」

又莊公元年：「秋，築王姬之館于外。」《傳》云：

「《春秋》於此事，一書再書，又再書者，其義以復讎為重。示天下後世，臣子不可忘君親之意。」

考文定之意，以爲魯隱公之薨，魯史必志其葬。及孔子筆削魯史爲《春秋》，乃削其葬而不書；若夫魯桓公之見弒於齊，爲人子之莊公，不能爲君父復讎，而但委罪於彭生之事，魯史一書再書，孔子皆存而不削者，皆所以示後世，臣子有爲君父復讎之意也。又如：定公十有四年：「吳子光卒。」《傳》云：

「吳子光卒，夫差使人立於庭，苟出入必謂己曰：『而忘越王之殺而父乎？』則對曰：

『唯，不敢忘。』三年乃報越。然則，夫椒之戰，復父讎也，非報怨也。《春秋》削而不書，以為常事也。其旨微矣。」

按：哀公元年《左氏傳》云：「吳王夫差敗越於夫椒，報檇李也。」此事《春秋經》未嘗箸錄。然桓公四年：「公狩于郎。」《公羊傳》嘗有「常事不書」之例。而莊公二十有四年云：「公如齊逆女。」《穀梁傳》亦嘗發「恆事不志」之例。後世治春秋者，遂有常事不書，凡書必非常之說③。文定因之，遂以爲夫椒之戰，其所以未箸錄於春秋經者，蓋復仇乃常事，故不書耳。反之，若有君父之仇讎而不知復，則聖人必視爲非常而詳書之，則魯莊公之事是也。蓋「父母之讎，不共戴天；兄弟之讎，不與同國；九族之讎，不與同鄉黨；朋友之讎，不與同市朝」（莊公四年：「公及齊人狩於糕」傳）故也。

是以有君父之讎者，必寢苫枕戈，無時而終事。故隱公十有一年：「冬，十有一月，壬辰，公薨。」《傳》云：

「夫賊不討，讎不復，而不書葬，則服不除，寢苫枕戈，無時而終事也。」

按：胡氏此條，以爲君父見弒，若賊不討，讎不復，則夫子筆削魯史以爲春秋時，必削而不書葬，以示君臣不敢除服，必寢苫枕戈，汲汲以復讎爲事故也。是以王父之讎仇有急於君命者。

莊公元年：「秋，築王姬之館于外。」《傳》云：

> 「魯於王室為懿親，其主王姬亦舊矣，館于國中必有常處，今特築之于外者，穀梁子以為仇讎之人非所以接婚姻也，衰麻非所以接弁冕也。知其不可，故特築之于外也。築之于外，得變之正乎？曰不正。有三年之喪，天王於義不當使之主；有不戴天之仇，莊公於義不可為之主。築之于外之為宜，不若辭而弗主之為正也。……今莊公有父之讎，方居苫塊，此禮之大變也，而為之主婚，是廢人倫，滅天理矣。」

按：胡氏每謂三綱乃軍國政事之本，而夫子之作《春秋》，則在扶三綱，敍九法。唯此條則以復讎爲重，而謂君命可辭。其激揚時事，豈亦不得已也?!

又《春秋》雖尚德而賤力，至若復君父之讎，則不可以不武勇。蓋君父之讎不得不報，而忠臣孝子之心不可不伸故也。是以，莊公三年：「公次于滑。」《傳》云：

「魯，紀有婚姻之好，當恤其患；於齊，有父之讎，不共戴天。苟能救紀抑齊，一舉而兩善並矣。見義不為而有畏也，《春秋》之所惡，故書公次于滑，以譏之也。或言夫子意在刺無王命，若譏其怯懦，則當褒其勇者，《春秋》乃鼓亂之書。為此言者誤矣。《易》於〈謙〉之六五則曰利用侵伐，〈師〉之六四則曰左次無咎，進退勇怯，顧義如何耳？豈可專以勇為鼓亂而不與乎？」

又莊公九年：「及齊師戰于乾時，我師敗績。」《傳》云：

「內不言敗，此其言敗者，為與讎戰，雖敗亦榮也。……若以復讎舉事，則此為義戰。」

按：胡氏每謂務德爲本，力戰爲末，乃先聖之垂戒。甚謂齊桓遠伐山戎④爲棄德務力，《春秋》譏之。至於復讎，則以爲不可「專以勇爲鼓亂而不與」爲說。且孟子嘗云：「《春秋》無義戰，彼善於此則有之矣。」（〈滕文公〉篇）。而文定則以乾時之戰，若以復讎舉事，則爲義戰。凡此皆爲高宗進講，特欲堅其復讎之志，有以致之也。

若夫因復讎而戰，滅人之國，辱人宗廟者，其情非得已，故聖人亦恕而不罪。哀公元年：「楚子、陳侯、隨侯、許男圍蔡。」《傳》云：

「蔡人男女以辨，使疆于江汝之間。夫男女以辨，則是降也。疆于江汝，則遷其國也，而獨書圍蔡何也？蔡嘗以吳師入郢，昭王奔隨，壞宗廟，徙陳器，撻平王之墓矣。至是，楚國復寧，帥師圍蔡，降其眾，遷其國。而《春秋》書之略者，見蔡宜得報，而楚子復讎之事可恕也。」

如人有君親之仇讎而不能報，則不得立足於天地之間。故文定又云：

「聖人本無怨，而怨於其不怨，故議讎之輕重，有致於不與戴天者。今楚人禍及宗廟，辱逮父母，若包羞忍恥而不能一洒之，則不可以立，而天理滅矣。」（同上）

或有君父之讎而不復，甚而忘親釋怨如魯莊公者，非但聖人不予恕，且有餘殃以加之。蓋天道好還，事應不爽故也。故閔公二年：「夫人姜氏孫于邾。」《傳》云：

「莊公忘親釋怨，無志於復讎，春秋深加貶絕。一書、再書、又再書，屢書而不諱者，以謂三綱，人道所由立矣。忘父子之恩，絕君臣之義，國人習而不察，將以是為常事，則亦不知有君之尊，有父之親矣。莊公行之而不疑，大臣順之而不諫，百姓安之而無憤疾之心也。則人欲必肆，天理必滅。故叔牙之弒械成于前，慶父之無君動於後，圉人犖，卜齮之刃交發于黨氏武闈之間。哀姜以國君母與聞乎故而不忘也。當是時，魯君再弒，幾至亡國，其應不亦憯乎?」

按：莊公薨，子般弒，而閔公立；閔公立二年，慶父再弒之。故云：「魯君再弒，幾至亡國。」而文定以魯君之所以再弒，緣莊公忘親釋讎之所致，故知「《春秋》以復讎為重」也。考宋高宗之南渡也，既心存偏安，又誤信寵佞，既無匡復之志，又乏雪恥之心。故文定乃因經寓義，慷慨陳詞。既云復讎本聖人之志，又云復讎不可不勇，再云讎而不復不可以立，終云釋讎必有不祥之至，拳拳致意。故姜寶云：「康侯之言，為高宗不復金讎而發」（《春秋事義全考》卷十六）是也。尤以「包羞忍恥，不可以立。」二語，誠為對症之藥。惜高宗雖愛其書而不能用其言也。

三、以《春秋》自强爲善之法勉高宗奮發進取

自古立國，莫貴乎自强。蓋操之於我則存，操之於人則亡。豈有坐以待援，而能永存者也？古訓不云乎，水能載舟，亦能覆舟。故志士仁人之興，必以卓然自立爲首務。然欲致勝於外者，必先整治於內。故云：「經世安民，視道之得失，不以城郭溝池以爲固。」（成公九年：「城中城」傳）。蓋「百雉之城，七里之郭，設險之大端也。謹以禮以爲國，辨尊卑，分貴賤，明等威，異物采，凡所以杜絕陸僭，限隔上下者，乃體險之大用也。」（同上）。若夫「不能修道以正國，或棄賢保佞，或驕奢淫縱，或用兵暴亂，自底滅亡。……皆其自取焉耳。」（桓公六年：「寔來」傳。）故君人者，必謹以禮以自强。若有不能自强以禮者，則聖人必貶之，如鄭忽是也。故桓公十有一年：「鄭忽出奔衛。」《傳》云：

「或曰：詩人刺忽之不昏于齊，至於見逐。欲固其位者，必待大國之援乎？曰：此獨為鄭忽言也。如忽之為人，苟無大援，則不能立爾。若乎志士仁人，卓然有以自立者，進退之權在我也。鄭自五霸之後，益以侵削，他日子產相焉，馳詞執禮，以當晉楚，至於壞

諸侯之館垣，卻逆女之公子于野，皆變其常度，以晉楚之強，卒莫能屈。亦待大國之助乎？」

按：鄭忽於桓公十有五年經，作鄭世子忽。則其當繼體承國者，正也。然此年，既以國氏，又稱名者。文定以爲忽不能君，故夫子貶之也。蓋祭仲之見脅於宋⑤，鄭忽之出奔於衞，皆不能以道正國，咎由自取故也。而曹羈之事亦如是也，故莊公二十有四年：「曹羈出奔陳，赤歸于曹。」《傳》云：

「杜預謂羈，曹世子也。曹伯已葬，猶不稱爵者，以微弱不能君，故為戎所逐爾。赤，曹之庶公子，歸，易詞。宋人執鄭祭仲，而忽出，突歸，權在宋也。戎侵曹，而羈出赤歸，制在戎也。使鄭忽，曹羈，明而有斷，雖有宋戎之衆，突赤之孽緣何而起。以國儲君副，不能自定其位，於誰責而可。故雖以國氏，皆不書爵，為居正者之戒。」

由忽、羈、突之書法觀之，知《春秋》始終書鄭突以爵者，蓋在警乎人君自强以爲善也。若人君不能自强以爲善，則國雖己有，亦將魚爛而亡，此《春秋》書「梁亡」⑥之意也。

倘人君能自强以爲善，則國雖小亦可强，故「鄭自五霸之後，日益侵削，子產相焉，晋、楚莫能屈」是也；家雖亡亦可復，故「楚雖三戶，可以亡秦」是也。故文定極褒遂人之能殲强齊。

莊公十有七年：「齊人殲于遂。」《傳》云：

「殲，盡也。齊滅遂，使人戍之，遂之餘民飲戍者酒而殺之，齊人殲焉。《春秋》書此者，見齊人滅遂，恃強凌弱，非伐罪弔民之師。遂人書滅，乃亡國之善詞，上下之同力也。夫以亡國餘民，能殲強齊之戍，則申胥一身可以存楚，楚雖三戶，可以亡秦，固有是理，足為強而不義之戒，而弱者亦可省身而自立矣。」

按：遂書滅，文定以爲「亡國之善詞，上下之同力也。」則遂君必能以禮自强，故百姓亦能效死而勿去，終以亡國之餘而殲强齊。其視鄭忽、曹羈則有間矣。考宋人薄於金師，二帝竝后，宗廟器用，盡入北庭。高宗君臣倉皇南渡，孰謂非亡國餘民也。然遂人以亡國之餘民，能殲强齊之戍以復國，則宋人若能嚐膽臥薪，汲汲以自强，則其興復中原，報恨雪恥，亦何難之有。是以，文定既因鄭忽、曹羈以警之，又以遂人殲齊以勸之。蓋欲直砭高宗之心也。緣「治國者，必先正其心，以正朝廷與百官，而後遠近莫不壹於正」（隱公「元年」傳）故也。

又謂困窮，辱恥不足以為患。蓋惟知恥知病，然後可以奮發鷹揚，踔厲士氣，團結力量，以成大有為之機。且知恥近乎勇，困窮而致亨，乃先聖之戒，而大《易》之訓也。故文定於昭公困辱于晉，兩發困辱足以興邦之說。昭公十有六年：「夏，公至自晉。」《傳》云：

「《左氏》曰：公如晉，平丘之會故也。至是始歸者，晉人止公，其不書，諱之也。昭公數朝于晉，三至于河而不得入，兩得見晉侯，又欲討其罪而止旃，其困辱亦甚矣。在《易》之〈困〉曰：困亨者，因困窮而致亨也。困於心，衡於慮，而後得徵於色，發於聲，而後喻。此正憤悱自強之時，而夏少康、衛文公、越勾踐、燕昭王，四君子者，由此其選也。」

又昭公二十有三年：「冬，公如晉，至河，有疾乃復。」《傳》云：

「昭公兩朝于晉，而一見止。五如晉，而四不得入焉。今此書有疾乃復，殺恥也。以周公之胄，千乘之君，執幣帛，修兩君之好，而不見納，斯亦可恥矣。有恥而後能知憤，知憤而後能自強，自強而後能為善，為善而後能立身，身立而後能行其政令，保其國家矣。昭公內則受制於權臣，外則見陵於方伯，此正憂患疢疾，有德慧術智，保生免死之時也。」

惜昭公雖屢遭困辱，而甘處微弱，既乏憤恥自強之心，又無激昂勉勵之志，故齊侯雖爲之取鄆以居之⑦，而鄆潰，其自暴自棄若是。故昭公二十有九年：「鄆潰。」《傳》云：

「公之出奔，處鄆四年，民不見德，亡無愛徵，至于潰散，豈非昏迷不反，自納於罟擭陷穽之中。其從者又皆艾殺其民，視如土芥，其下不堪，所以潰歟！然則，去宗廟社稷出奔，猶不惕然恐懼，蘄改過以補前行之愆也，自棄甚矣，欲不亡得乎哉！」

按：魯昭公內不得志於權臣而見逐於外；居鄆而民逃其上，則其不知以禮自強可知。故文定謂其前如晋之所以不志，蓋夫子諱而不書，深貶之也。其後如晋之所以書，則志其失國出奔，死於境外，爲天下笑，皆自取之也。考宋高宗君臣之倉皇南渡，其困辱視魯昭，亦五十步與百步耳。故文定拳拳以「困辱衡慮，適足以憤悱自强，憂患疢疾，乃得保生免死」進講。蓋欲高宗因困辱憂患，以立大有爲之志。所謂「必志於恢復中原，祇奉陵寢；必志於掃平仇敵，迎復兩宮；必志於得四海之歡心，以格宗廟；必志於致九州之美味，以養父兄」（尚志論）是也。倘高宗能立志如是，則「文武百官，六軍萬姓」，必如風吹草偃，丕應傒志矣。則鞏固江左，再造中原，非不可爲也。惜高宗苟安江南，又乏令政，故文定有「自是昭公削迹於魯，尺地一民，皆非其有」之說，蓋亦所以警之也。

四、以《春秋》親賢去讒之戒勸高宗援善立功

昔諸葛武侯之諫後主，嘗云：「親賢臣，遠小人，此前漢之所以興隆也；親小人，遠賢臣，此後漢之所以傾頹也。」（《出師表》）。旨哉斯言也。蓋自古建國君民者，莫不以親賢去讒爲急務。故舜之臣於堯，首擧八元與八愷，而去四凶。故能五典克從，百揆時敍，四門穆穆也。其後，商湯得傅說，文王因呂尚，遂有三代之隆；齊桓任管仲，闔閭聽伍胥，五霸以興。凡此皆親賢用賢之效也。若夫小白因豎刁以亡，秦政由趙高而滅；則讒佞之足以敗事，豈不昭昭然。故文定云：「堯敦九族而急親賢，退嚚訟；周厚本枝而庸旦仲，黜蔡鮮。義皆在此。而親親之殺，尊賢之等著矣。此義行，則國無貴戚任事之私，外無棄賢用羈之失；而國不治者，未之有也。」（閔公元年：「季子來歸」傳語）。若夫「善善而不能用，則無貴於知其善；惡惡而不能去，則

無貴於知其惡。未之或知者，猶有所覬也。夫既知之，不能行其所知，君子所以高舉遠引，小人所以肆行無忌憚也。」（莊公二十有四年：「郭公」傳）。故春秋於賢者之來，莫不喜而特書之。故閔公元年：「季子來歸。」《傳》云：

「其曰季子，賢之也。其曰來歸，喜之也。其不稱公子，見季友自以賢德為國人所與，不緣宗親之故也。」

按：文定以爲季子稱字不稱名，以其賢故也。其不稱公子者，以季子之賢，非緣宗親之貴而賢也，乃其自賢爲國人所與。賢者來，國人喜之，特書曰來歸，箸聖人書此者，所以示後人以親賢用賢之道也。賢者，既爲國人希望之所寄，則其來，於國事必有卓著之效驗。因於閔公二年：「公子慶父出奔莒。」《傳》云：

「公子出奔，譏失賊也。閔公立而季子歸，何以見弒？慶父主兵日久，其權未可遽奪也；季子執政日淺，其謀未得盡行也；設以聖人處之，期月而已可矣。季子賢人而當此，能必克乎？及閔公再弒，慶父罪惡貫盈，而疾之者愈衆；季子忠誠顯著，而附之者益多。

外固強齊之援，內協國人之情，正邪消長之勢判矣。然後，夫人不敢安其位，慶父不得肆其姦。此明為國者不知圖難於易，為大於細，雖有智者，亦不能善其後矣。」

按：文定此傳，前半節爲季子既賢，然返國而不能及時討弒君之賊者，設爲開脫。下半節則力言季子用，而後夫人不敢安位，慶父不得肆姦。於是，僖公立，魯國安。則賢者用而國治之證遂驗。

反之，若讒佞公行，邪曲當道，方正不容，則國雖強必削，事雖盛必敗，故昭公十有五年：「夏，蔡朝吳出奔鄭。」《傳》云：

「無極，楚之讒人也，去朝吳，出蔡侯朱，喪太子建，殺連尹奢，屏王耳目，使不聰明，卒使吳師入郢，辱及宗廟，讒人為亂，可不畏乎？」

又昭公十有七年：「楚人及吳戰于長岸。」《傳》云：

「言戰不言敗，勝負敵也。楚地五千里，帶甲數十萬，戰勝諸侯，威服天下，本非吳敵也。惟不能去讒賤貨，使費無極以讒勝，囊瓦以貨行，而策士奇才為敵國用，故日以侵削。至雞父之師，七國皆敗，栢舉之戰，國破君奔，幾於亡滅。吳日益強而楚削矣。」

按：此兩條傳文，在明費無極用，則方正不得容，而王之耳目屏。於是，策士奇才爲敵國用，故楚雖本天下之强，亦國破君奔，讒人之可畏一至此極。故曰：「爲國必以得賢爲本，勸賢必以去讒賤貨爲先。不然，雖廣土衆民，不足恃也。」（同上）。蓋賢者之所以去國，以讒佞親故也。文定言之不足，又再言之。故又於「蔡朝吳出奔鄭」《傳》云：「爲國有九經，而尊賢爲上；勸賢有四事，而去讒爲首。」又曰：「《春秋》之義，用賢治不肖。」（桓公十有二年：「戰于宋」《傳》）。考建炎元年，文定爲高宗陳崇甯以來天下事務，嘗有「廢格法，棄公論，市井儇薄而居宰府，世卿愚子而柄兵權；臺省寺監，清望之班，雜用商賈，胥吏，技術之賤。於是，仁賢退伏，奸佞盈廷」（〈先公行狀〉）之言。而高宗時，「黃潛善、汪伯彥、范宗尹輩，廣引奸邪，顛倒是非，變亂名實」（《覈實論》）。由此觀之，文定急急以親賢去讒進講之意可知矣。明儒王介之嘗云：「存郭亡之異說，借以發明用賢遠姦之理，爲高宗之疑李綱、趙鼎，而用汪伯彥，黃潛善言也，雖未必然，不可廢矣。」（《春秋四傳質》卷上）。可謂深知文定者也。

於是，治國者於忠諫之士，尤當獎重。故宣公九年：「陳殺其大夫洩冶。」前儒因《左氏》述孔子之言有詩云：「民之多辟，無自立辟，其洩冶之謂乎！」因多責洩冶之不能危行言遜⑧。文定則特加褒勸。曰：

「稱國以殺者，君與用事大臣同殺之也。稱其大夫，則不失官守，而殺之者有專輒之罪矣。洩冶無罪而書名何也？冶以諫殺身者也。殺諫臣者，必有亡國弒君之禍。故書其名，為徵舒弒君，楚子滅陳之端，以垂後戒。此所謂義係於名，而書其名者也。」

又，宣公十年：「癸巳，陳夏徵舒弒其君平國。」《傳》云：

「陳靈公之無道也，而稱大夫之名氏以弒何也？禍莫大於拒諫而殺直臣，忠莫顯於身見殺而其言驗。洩冶所為不憚斧鉞盡言於其君者，正謂靈公君臣通於夏徵舒之家，恐其及禍，不忍坐觀，故昧死言之。靈公不能納，又從而殺之，卒以見弒而亡其國，此萬世之大戒也。特書徵舒之名氏，以見洩冶忠言之驗，靈公見弒之由。使有國者必以遠色修身，包容狂直，開納諫諍為心也。」

按：文定爲高宗陳崇甯以來，國政得失。嘗云：「上皇嗣位，文母垂廉，增置諫員，擢用名士，豐稷、王覿、鄒浩、陳瓘諸人，各以危言自効。公論既行，下情不壅，幾有至和、嘉祐之風。及蔡京用事，放諸嶺表。於是，天下以言爲諱者二十餘年。」（《先公行狀》）。因曰：「興國必開言路，而賞諫臣。亡者反是。按《春秋》書陳殺其大夫洩冶於前而載楚子入陳於後，明殺諫臣者，必有滅亡之禍，不待貶絕而自見也。願自今開納直言，無令壅閉，以去拒諫之二失。」（同上）。然則，文定之褒洩冶，正所以諫高宗而警之也。故童品云：「文定公因經以諷諫於君」（《春秋經傳辨疑》卷上）是也。

又節義之臣，乃君之股肱，所以共天職以治國事者，所以必加崇獎。故孔父（桓公二年），仇牧（莊公十二年）荀息（僖公十年）三大夫，先儒皆以爲從君於昏而無善可褒者⑨，文定則舍《左氏》而從《公》、《穀》二傳之義，一一加以辯白而褒勸之。於孔父曰：「然君弒，死於其難，處命不諭，亦可以無愧矣。」於仇牧則曰：「食焉不避其難，義也。徒殺其身，不能執賊，亦足爲求利焉而逃其難者之訓矣。」於荀息又曰：「世衰道微，人愛其情，私相疑貳，以成傾危之俗；至於刑牲歃血，要質鬼神，猶不能固其約也。孰有可以託六尺之孤，寄百里之命，臨死節而不可奪如息哉！」考靖康之變，朝臣與士大夫，臨難變節者，比比皆是。故文定特假三大夫死君難之節以砥之。即通旨所謂「聖人取三大夫，蓋君已弒，力不能討，至此只有死爾。常人之情，於此轉易者多，故聖人取其死節。」（汪克寬《春秋胡傳附錄纂疏》引）是也。又不有君子，何能有國。是以，股肱與人主，宰揆萬物，肌理天下，雖主從有殊，實爲一體。故恩禮卿佐，亦聖人之所急也。於是，文定於宣公八年：「辛已，有事于太廟，仲遂卒于垂。壬午，猶繹，萬入去籥。」《傳》曰：

「禮，大夫卒，當祭則不告，終事而聞則不繹。不告者，盡肅敬之誠於宗廟；不繹者，全始終之恩於臣子。今仲遂，國卿也；卒而猶繹，則失寵遇大臣之禮矣。《春秋》雖隆君抑臣，而禮貌有加焉，則廉陛益尊而臣節礪。……聖人書法如此，存君臣之義也。」

汪氏克寬嘗爲之疏通，曰：「《春秋》書仲遂猶繹，謂君與卿佐爲一體，股肱或虧，豈不隱痛。仁宗以富弼母喪在殯，罷春宴；韓魏公薨，神宗發哀過舉數，皆得《春秋》之旨」（《春秋胡傳附錄纂疏》）是也。胡氏既汲汲於親賢，故忠諫者褒，節義者奬。又謂恩禮卿佐，爲《春秋》存君臣之義。於是，進而謂錄用賢者之後，亦得《春秋》之旨。昭公二十年：「夏，曹公子會自鄸出奔宋。」《傳》曰：

「春秋之意，善善也長，惡惡也短。善善及子孫。惡惡止其身。以其賢者之後，苟可善焉，斯進之矣。此〈舜典〉罰弗及嗣，賞延于世之意也。後世議者，有乞錄用賢者之類，功臣之世，蓋得《春秋》之旨矣。」

若夫嬖暱小人，《春秋經》皆不書。文定則考諸《左氏》，推之義例，嚴加貶斥。如：莊公八年：「冬，十有一月，癸未，齊無知弒其君諸兒。」《傳》云：

「按《左氏》，齊侯游于姑棼，遂由于貝丘，徒人費遇賊于門，先入、伏公，出門而死。石之紛如死于階下，是能死節者也。《春秋》重死節之臣，而法有特書，其不見於經何也？如費等所謂便嬖私暱之臣，逢君之惡，田獵畢弋，而不脩民事，使百姓苦之者也。……此二人雖死于難，與自經於溝瀆而莫之知者，猶不逮焉。乃致亂之臣，死不償責，又何取乎？」

又如：襄公二十有五年：「夏，五月，乙亥，齊崔杼弒其君光。」《傳》云：

「齊莊公見弒，賈舉，州綽等十人皆死之，而不得以死節稱何也？所謂死節者，以義事君，責難陳善，有所從違而不苟者是也。雖在屬車後乘，必不肯同入崔氏之宮矣。若此十人者，獨以勇力聞，皆逢君之惡，從於昏亂，而莊公嬖之者，死非其所，比諸匹夫匹婦，自經於溝瀆而莫之知者，猶不逮也。……雖殺身不償責，安得以死節許之哉！」

按：《左氏》，死齊襄之難者，有徒人費，石之紛如，孟陽。死齊莊之難者，內嬖有賈舉、州綽、邴師、公孫敖、封具、鐸父、襄伊、僂堙、祝佗父、申蒯等。外嬖有鬷蔑。儒者以爲皆嬖賤小人，故夫子不書于經⑩。文定則以爲《春秋》所書，皆經世之大法，所以垂戒後世。若此數人者，皆逢君之惡，不能以義事其君者，故夫子削而不書，因其不足取故也。

按：文定於紹興二年，嘗獻時政論二十一篇，其中《覈實論》嘗云：「昨者，黃潛善，汪伯彥，范宗尹輩，廣引奸邪，顛倒是非，變亂名實。諫官鄭瑴攻李綱以六不可貸之罪。驗於奏議則無據，按於施爲則無迹，特以撰造文致，傾陷大臣。當時遂信行之，又以美官激勸之，是欲其亂毀譽之眞而不核也。言官馬伸擊潛善、伯彥措置乖方，凡舉一事，必立一證，皆天下所共見，不敢以無爲有，以是爲非。當時乃罷黜之，又置諸危地殘賊之。是惡其亂毀譽之眞而不核也。邪說何由息，公道何由行乎！今瑴雖已死，恤典隆厚；伸雖有詔命，不聞來期。」由是觀之，高宗建炎，紹興兩朝，雖極欲中興，然姦佞用事，是非無別，賞罰不明，可見一斑。故文定又曰：「按《春秋》治奸慝者，不以存沒必施其身，所以懲惡也。獎忠良者，及其子孫，遠而不泯，所以勸善也。」由《覈實論》，推之《春秋傳》，則知文定所以褒忠諫，獎節義，恩卿佐，及錄賢者後之意矣。

又有奄寺僕妾，刑餘之人，本小人之尤，其視暱嬖小臣，則又下之。故文定亦極力貶斥之。如：襄公二十有九年：「閽弑吳子餘祭。」《傳》云：

「穀梁子曰：閽，門者，寺人也。不稱名姓，閽不得齊於人；不稱其君，閽不得君其君也。禮，君不使無恥，不近刑人，不狎敵、不邇怨。賤人非所貴也，貴人非所刑也，刑人非所近也。舉至賤而加之吳子，吳子近刑人也。閽弑吳子餘祭，仇之也。《左氏》以為伐越獲俘焉，以為閽，使守舟，吳子觀舟，閽以刀弑之，亦邇怨之失也。」

又：昭公六年：「宋華合比出奔衞。」《傳》云：

「《左氏》曰：宋寺人柳有寵，太子佐惡之，華合比請殺之。柳聞，坎用牲埋書而告公。曰：合比將納亡人之族，既盟于北郭矣。公使視之，有焉。遂逐合比。於是華亥欲代為右師，乃與柳比，從為之徵，公使代之。宋公寵信闇寺，殺世子痤（按：見襄公二十六年）而父子之恩絕，逐華合比而君臣之義睽。刑人之能敗國亡家亦可畏矣。」

按：建炎元年，為高宗陳崇寧以來國家政事，嘗云：「奄寺得志，用王承宗故事而建節旄，用李輔國故事而封王爵，用田令孜故事而主兵權，用龔澄樞故事而為師傅，生殺予奪，悉歸掌握，宰執侍從，皆出其門。於是，賄賂公行，廉恥道喪。」因又謂「按《春秋》書閽弒吳子，不稱其君者，言閽寺之賤，不使得君吳子也。願自今門戶掃除，復其常守，以去信任奄寺之六失。」（《先公行狀》）。由是觀之，文定之解《春秋》，必去閽寺之意又明矣。

五、以《春秋》國君守土之訓喻高宗匡復失土

國君守社稷者也。故古者，諸侯朝修其禁令，晝考其國職，夕修其典刑，夜儆百工，使無慆淫而後即安。故克勤于邦，荒度土功者，禹也；慄慄危懼，檢身若不及者，湯也；自朝至于日中昃，不遑暇食，用咸和萬民者，文王也（僖公十九年：「梁亡」傳）。是以有國家者，當以世守

爲義。若有不能世守，抑或輕棄先人之土疆者，文定以爲夫子必原情定罪，權其輕重而貶刺之。故於莊公十年：「荊敗蔡師于莘，以蔡侯獻舞歸。」《傳》云：

「蔡侯何以名？絕之也。凡書敗，書滅，書入，而以其君歸，皆名者，為其服為臣虜，故絕之也。……《春秋》之法，諸侯不生名，失地則生而名之，比於賤者。欲使有國之君，戰戰兢兢，長守富貴，無危溢之行也。」

又於昭公二十有三年：「戊辰，吳敗頓、胡、沈、蔡、陳、許之師于雞父，胡子髡、沈子逞滅。獲陳夏齧。」《傳》云：

「其曰：胡子髡、沈子逞滅者。若曰：非有能滅之也，咸其自取焉耳。亦猶梁亡，自亡也；鄭棄其師，自棄也；齊人殲于遂，自殲也。」

按：諸失國，書名而以歸者，文定以爲其爲君也，既無爲社稷死難之節，又無克復先王土疆之志。貪生畏死，甘就執辱，其罪爲重，故其貶也深。然則，此非爲高宗安於江左，不知雪君父之讎，復先祖之土疆而言乎？是以，其〈移右諫議大夫楊時書〉亦云：「按《春秋》徐子章羽，斷其髮，攜其夫人，以逆吳子。聖人特削其爵，而書其名者，罪其不自強，無興復之志也。」（胡寅《斐然集．先公行狀》）。

至於諸書出奔者，則謂雖不死於社稷，有興復之望焉。託於諸侯，猶得寓禮，其罪爲輕。弦子、溫子之類是也（僖公十二年：「楚人滅黃」傳）。故雖如夔子之見滅，猶曰：「夔子以無罪見討，雖國滅，身爲臣虜，其義直，其詞初不服也。」（莊公十年：「荊敗蔡師于莘，以蔡侯獻舞歸」傳）。蓋國滅之時，見滅之君，心服與不服，其於先人土疆之情有別，故其貶亦殊。按：高宗之苟且偏安，初無興復之志。非有興復之志而不能者也。由是觀之，文定可謂善導其君者矣！

若夫國滅而死於其位者，文定則以爲「是得正而斃焉者矣。於禮爲合，於時爲不幸，若江黃二國是也」（僖公十二年：「楚人滅黃」傳）。故特褒蔡世子有。云：

「既書滅蔡矣，又書執蔡世子有者，世子無降服之狀，強執以歸而虐用之也。……然世子繼世，有國之稱。此必稱蔡有者，父母之仇不與共天下，與民守國，效死不降，至於力屈就擒，虐用其身而不顧也。則有之為世子之道得矣。」（昭公十一年：「楚師滅蔡，執蔡世子有以歸，用之」傳）。

文定既褒蔡有，於是，責紀侯曰：「有國家者，以義言之，世守也。非身之所能爲，則當效死而勿去。」（莊公四年：「紀侯大去其國」傳）。又責譚子曰：「滅而書奔，責不死位也。」（莊公十年：「齊師滅譚，譚子奔莒」傳）。按此節直曉高宗以國土完整，土存則人存之大義矣。

於是，謂春秋凡失國土，夫子必貶之。嘗曰：「《春秋》內失地不書，明此爲有國之大罪。外取滅皆書，明見滅者之不能有其土地人民，則不君矣。」（昭公二十有四年：「吳滅巢」傳）。故隱公六年：「冬，宋人取長葛。」《傳》云：

「鄭人土地，天子所命，先祖所受，不能保有而失之也。……鄭亦無君也。」

又〈移右諫議大夫楊時書〉云：

「按《春秋》書齊人來歸鄆、讙、龜陰之田。是田，本魯田也。始失不書者，不能保其土地人民，為不君諱也。」（胡寅《斐然集．先公行狀》）

蓋尺寸之地，莫不是先王列祖暴霜露，斬荊棘而有之。爲人子孫者，豈可不加珍惜，而經棄予人哉！按：靖康元年，金人圍京城，隨即講和退師，議割太原、中山、河間三鎮。高宗時，又懼金人之偪，都建康而以湖北爲分鎮，繼則舍建康，而棲東越。然則欽、高二宗之不知克愛寶圖可知。故文定〈移右諫議大夫楊時書〉，嘗沈痛曰：「太原兵勁天下，藝祖、太宗自將，再駕而後入於版圖」。其後，致參政秦檜書，則責以「《春秋》貴守土疆，恥於喪地。」（胡寅〈先公行狀〉）。由是觀之，胡氏拳拳以「人君死社稷，失地則貶絕」解《春秋》，亦良有以也。

六、以《春秋》設險逐寇之教啓高宗驅除胡虜

治國守邦者，雖以講信修睦爲事，忠義誠慤爲心，固本安民爲政。然有文事者不可以無武備。蓋未雨而徹桑土，間暇而明政刑，先聖之教也。春蒐、夏苗、秋獮、冬狩以講事，臧僖伯之所以諫魯隱也。而莒恃其陋，不修城郭，浹辰之間，楚克其三郡，君子譏之。故「孟子云：『鑿斯池也，築斯城也，與民守之，效死而不去，是則可爲也。』夫鑿池築城者，爲國之備，所謂事也；效死而民不去，爲國之本，所謂政也。」（成公九年：「莒潰，楚人入鄆」傳），按：所謂政，即前文自強爲善，親賢去讒諸端是也。而所謂事者即設險逐寇也。蓋門庭之寇，利用禦之，

亦《春秋》之垂法。故莊公十有八年：「夏，公追戎于濟西。」《傳》云：

「此未有言侵伐者，而書追戎，是不覺其來，已去而追之也。為國無武備，啟戎心而不知警，危道也。」

蓋《春秋》之義，有以天下爲家，以城郭溝池爲固，以山川丘陵爲險，設之以守國，而待暴客者也（僖公二年：「虞師晉師滅下陽」傳）。蓋必如是，而後可以杜凱覦之心故也。然地必有所據，城必有所守，然後可以設險；設險然後可以守邦。是以，凡有巖險之邑而不能守，《春秋》必譏之。故襄公二年：「遂城虎牢。」《傳》云：

「虎牢，鄭地，故稱制邑。至漢為成皐，今為汜水縣。巖險聞於天下，猶虞之下陽，趙之上黨，魏之安邑，燕之榆關，吳之西陵，蜀之漢陽。地有所必據，城有所必守，而不可棄焉者也。有是險而不能守，故不繫於鄭。」

按：文定以爲「王公設險以守國，大《易》之訓也；城郭溝池以爲固，六君子之所謹也；鑿斯池，築斯城，與民同守，孟子之所以語滕君也」（同上）。而鄭有虎牢之險不能守，屈伏於晉、楚之間而屢見侵伐。故夫子筆削《春秋》時，虎牢不繫於鄭；示鄭自棄天險之危國，用垂戒於後世也。

夫守天子之土疆，繼先君之世者，若不能設險以守國，將必至於潰亡遷滅之不暇。故夫子於下陽雖邑而書滅，其旨微矣。僖公二年：「虞師，晉師滅下陽。」《傳》云：

「國而曰滅，下陽邑爾，其書滅，何也？下陽，虞、虢之塞邑，猶秦有潼關，蜀有劍嶺，皆國之門戶也。潼關不守，則秦蜀破；下陽既舉，而虞、虢亡矣。」

其《設險論》亦曰：

「按《春秋》書晉師伐虢，滅下陽。下陽者，虞、虢之塞邑也。塞邑既舉，則虢已亡矣。聖人特書以示後世設險守邦之法。」（胡寅〈先公行狀〉）

按：靖康議割之太原、中山、河間，本北方之重鎮。胡氏嘗謂：「河間、中山，北方重鎮，猶鄭有虎牢，虞、虢有下陽。秦之潼關，蜀之劍閣，吳之西陵也。」（《移楊時書》）。其後，高宗棄湖北爲分鎮，亦不知湖北乃中國之險也。文定亦嘗論之曰：「今欲定都建康，而以湖北爲分鎮，失險甚矣。按湖北十有四州，其要會在荊峽。故劉表時，軍資富江陵，先主時，重兵屯油口，關公、孫權則並力爭南郡，陸抗父子則協規守宜都，晉大司馬溫及其弟沖，則保據諸宮與上明，此皆荊峽封境也。今割以與人，使跨長江，臨吳會，猶居高屋建瓴水也。獨無虞、虢下陽之慮乎？臣謂欲保江左，必都建康，欲守建康，必有荊峽，然後地形險固。」（《設險論》）。由是觀之，胡氏之譏鄭棄虎牢，虞棄下陽，而戒於失險。誠有見於欽、高二宗之不能據險以制敵故也。則其拳拳以「設險守邦」進講，亦洞燭時勢之昌言乎？

又設險固爲守邦之法，然制敵必有定計，然後可以致功。文定致參政秦檜書，嘗云：「《春秋》大略貴前定，是故撥亂興衰者，其君臣合謀，必有前定不可易之策。管仲相齊，狐偃輔晉，樂毅復燕，子房興漢，孔明立蜀，王朴佐周，莫非策畫前定，令出必行，故事功皆就。」（胡寅《先公行狀》）。故於僖公二年：「秋九月，齊侯、宋公、江人、黃人盟于貴。」《傳》云：

「按《左氏》，盟于貫，服江黃也。荊楚，天下莫強焉。江、黃者，其東方之與國也。二國來定盟，則楚人失其右臂矣。樂毅破齊，先結韓、趙；孔明伐魏，申好江東；雖武王牧野之師，亦誓友邦，遠及庸、蜀、彭、濮八國之人，共為犄角之勢也。桓公此盟，其服荊楚之慮周矣。」

又僖公三年：「秋，齊侯、宋公、江人、黃人，會于陽穀。」《傳》云：

「按左氏，謀伐楚也。……兵有聚而為正，亦有分而為奇。諸侯之師，同次于陘，所謂聚而為正也；江人、黃人，各守其地，所謂分而為奇也。次陘大眾，厚集其陣，聲罪致討，以震中國之威；江人、黃人，各守其境，按兵不動，以為八國之援；此克敵制勝之謀也。」

按：文定致秦檜書有云：「建炎改元，聖主憂勤，願治於上；大臣因循，習亂於下，國制搶攘，漫無定論。」（胡寅〈先公行狀〉）。蓋高宗君臣，因循苟安，國論無定。故胡氏因桓公，管仲之制楚，或正或掎，謀議周密而言之。是以謀國不可不愼，故又美楚人之伐庸。

文公十有六年：「楚人、秦人、巴人滅庸。」《傳》云：

「楚人謀徙於阪高，蔿賈曰：『不可，我能往，寇亦能往，不如伐庸。』亦見其謀國之善矣。故列書三國，而楚不稱師，滅楚之罪詞也。」

政已立，事亦備，若猶有侵伐之暴客，所當懲創者，則膺之懲之可也。故宣公元年：「晉，趙盾帥師救陳。」《傳》云：

「鄭在王畿之內而附蠻夷，陳，先代帝王之後而見侵逼，此門庭之寇，利用禦之者也。」

又：〈移右諫議大夫楊時書〉云：

「按《春秋》，齊侯侵蔡伐楚，楚使請盟。美而書來書，荊楚橫暴，憑陵中國，鄭在畿內，數見侵暴，齊侯伐而服之，則自此帖然矣。此門庭之寇，所當懲創，不可已焉者也。」

按：文定嘗云：「夫敵加於己，不得已而起者，謂之應兵。」（文公二年：「晉侯及秦師戰于彭衙，秦師敗績」傳）。時女眞之加兵於宋，誠門庭之寇也；利用禦之者，即所謂應兵也。此直曉高宗奮起以抗金之意也。若門庭之寇而不能懲，敵已加己而不能應。甚而爲城下之盟者，是棄國也，聖人必嚴加貶斥。故哀公八年：「吳伐我。」《傳》云：

> 「吳為邾故，興師伐魯，兵加國都而盟于城下。經書伐我，不言四鄙，及與吳盟者，諱之也。來戰于郎，直書不諱，盟于城下，何諱之深也。楚人圍宋，易子而食，析骸而爨，亦云急矣。欲盟城下，則曰有以國斃，不能從也。晉師從齊，齊侯致賂，晉人不可。國佐對曰子若不許，請合餘燼，背城借一，敝邑之幸，亦云從也。遂盟于爰婁，而《春秋》與之。今魯未及虧，不能少待，遂有城下之盟，是棄國也。夫棄國者，其能國乎？」

按：靖康中，金人城下偪盟，而諸將或棄軍不問，或相繼潛逃。及出援三鎮，宰執又多持兩端。故文定移書右諫議大夫楊時，一則曰：「遠方犯闕，釋而不擊，反與之和，戾於聖人之訓，不已大乎！」再則曰：「城下結盟，親王出質，不競甚矣。」三則曰：「敵欲地則割要害而與之地，欲人則飾子女而與之人，欲金帛則傾府庫而與之金帛，欲親王貴戚，則抑慈割愛，而與之親王貴戚。假如敵請六飛會於遼水之上，不往則恐違其約，欲行則懼或見欺，又將何處乎！」（皆見

〈先公行狀〉)。凡此皆君父之恥，家國之辱。高宗宜切切不敢或忘者。然建炎、紹興兩朝，君臣將相，又去戰主和，寖忘東京宮闕，西京陵寢。由是觀之，文定之褒齊桓伐楚，許華元，國佐之背城借一，而嚴貶城下之盟，亦不得已也。

綜前所述，皆文定假《春秋》之大義微言，以砭宋君，用立時事者也。

七、因宋祖戒權臣之法終成孤立之勢

宋室之積弱不振，其因素雖甚夥，而其猜忌本枝，防嫌羣臣，以成主上孤立之勢，固其要也。攷《宋史．后妃傳》，杜太后疾亟，召趙普入受遺命。因謂太祖曰：汝之所以有天下，正由周世宗使幼兒主天下耳。使周室有長君，天下豈爲汝有乎？汝百歲後，當傳位於汝弟。且謂能立長君，社稷之福也。故太祖駕崩，乃傳位於太宗。又《宗室傳》云：昭憲及太祖本意，蓋欲太宗傳之廷美，而廷美復傳之德昭。故太宗既立，即令廷美尹開封，德昭實稱皇子。然太宗既即位，趙普爲相，首擿廷美，使憂悸成疾而卒。德昭從征幽州，乃因有謀立之者，而遂不得其死。由是觀之，太宗之量固狹，而趙普又積極以猜忌導其君。終使宗室凋零，而中央不得有屛障之固矣。故《宋史》嘗云：「昔周之初興，大封建宗室，及其東遷，晋、鄭有同獎之功。然其衰也，幹弱而枝强。後世於是有矯其失者，而封建不復古矣。宋承唐制，宗室襁褓即裂土而爵之。然名存實亡，無補於事。降至疏屬，宗正有籍，玉牒有名，宗學有教，郊祀明堂，遇國慶典，皆有祿秩。所寓州縣，月有廩餼，至於宗女適人，亦有恩數。然國祚既長，世代浸遠，恆產豐約，去士庶之家，無甚相遠者。靖康之亂，諸王駢首以斃於金人之虐。論者咎其無封建之實，故不獲維城之助焉」（《宋史》卷二百四十四《宗室傳》一）是矣。

文定於南渡之初，欲因麟經以導其君，使知復讎、守土諸大義，則宜有拔本塞源之良策。然攷文定之解《春秋》，於本枝之間，莫不本趙普之猜忌之成法，以為欲彊幹弱枝，必使兄弟、諸子不得與聞乎國事，而後可。如隱公七年：「齊侯使其弟年來聘。」《傳》云：

> 「兄弟，先公之子，不稱公子，貶也。書盟、書帥師而稱兄弟者，罪其有寵愛之私。書出奔、書歸而稱兄弟者，責其薄友恭之義。攷於事而《春秋》之情可見矣。……仁人於兄弟絕偏係之私，篤友恭之義，人倫正而天理存，其《春秋》以訓天下與來世之意也。」

按：書盟、書帥師者，即任之以國政也，而文定以為皆罪有其有寵愛之私而貶之。豈非趙普汲汲導太宗去廷美之事乎？所謂友恭者，即與之祿秩、恩數，而不使與聞國事也。故雖有祿秩之恩，而終無軍國政事之權勢也。一旦王室有事，亦無屏障中央之力矣。又如隱公四年：「衞州吁弒其君完。」傳云：

「此衛公子州吁也，而削其屬籍，特以國氏者，罪莊公不待之以公子之道，使預聞政事，主兵權，而當國也。」

又莊公八年：「齊無知弒其君諸兒。」《傳》云：

「曷為不稱公孫而以國氏？罪僖公也。弒君者無知，於僖公何罪乎？不以公孫之道待無知，使恃寵而當國也。」

按：公子、公孫，皆宗本之枝葉，枝葉茂，而後宗本固。然文定以為皆不得與聞國事，而謂「强幹弱枝，以身使臂之義」（桓公十五年：「鄭伯突入于櫟」傳）也。不幸州吁、無知，其後皆成篡弒，證之德昭之從伐幽州，有謀立之者，於是，其說售焉。不知人主之去兄弟、諸子，適所以成孤立之勢耳。

又宋太祖趙匡胤者，原後周滑州副指揮，以軍功，拜檢校太傅，殿前都點檢。恭帝七年，出師禦北漢、契丹。次陳橋驛，諸校以黃袍加其身。於是，遂爲天下雄主（《宋史．本紀》第一）。惟自度既乏商、周之盛德，又無漢、唐之鴻烈。何足以受非常之命，成一統之功。且唐自安祿山、武三思之亂，范陽、大名、平盧諸鎮拔扈不臣，天下鼎沸，中央不能制，遂至以亡。五代之相互興替，亦莫非權臣武將之難制也。故既登極，猶謂爲天下不若爲節度使之樂（《石守信傳》）。蓋慮他將之效己故也。是以，《宋史》載，太祖受禪之初，頗好微行。或諫其輕出，則曰：「帝王之興，自有天命。」既而微行愈數，有諱，輒語之曰：「有天命者，任自爲之，不汝禁也」（《宋史．本紀》第三）。王夫之《宋論》嘗評之云：

> 「太祖數微行，或以不虞為戒。而曰：『有天命者，任自為之。』英雄欺人，為大言耳。其微行也，以己之倖獲，虞人之相效，察羣情以思豫制，私利之褊衷，猜防之小智，宋德之所以衰也。」（卷一）。

攷《趙普傳》亦載太祖「數微行以過功臣家。」然則，太祖之微行，乃所以察功臣之情耳。其量狹而猜忌可知矣。讀太祖與石守信諸將飲酒之對，曹翰獻策，符彥卿管軍（皆詳下文）諸事，太祖成，即在猜防也甚明矣。

與趙普之語，知王氏「私利之褊衷，猜防之小智」之言，非我欺也。然則，宋主之孤立，其勢之成，即在猜防也甚明矣。

文定於南渡之初，以麟經進講經筵，雖知「人主孤立而無助，國不亡幸爾」（隱公三年：「尹氏卒」傳）。然其解《春秋》於父子、兄弟之間，多所猜忌，已如上述矣。其於君臣之際，亦不能免焉。蓋皆祖太祖、趙普之家法也。如隱公三年：「尹氏卒。」《傳》云：

「尹氏，天子大夫，世執朝權，為周階亂。家父所刺，秉國之均，不平謂何者是也。因其告喪與立子朝，以朝奔楚，皆以氏書者，志世卿、非禮，為後鑒也。……功臣之世，世其祿；世卿之官，嗣其位。祿以報功也，故其世可延；位以尊賢也，故其官當擇人。」

又桓公五年：「天王使仍叔之子來聘。」《傳》云：

「仍叔之子云者，譏世官，非公選也。帝王不以私愛害公選，故仕者世祿，而不世官。任之不以其賢也，使之不以其能也，卿大夫子弟以父故而見使，則非公選，而政由是敗矣。」

按：文定以爲祿所以報功，故可延；位以尊賢，必擇人。故於尹氏，仍叔之子皆譏其世官，斥爲非禮。於是，推公選賢者之爲治，故歷擧上世擧賢之故事，謂有自野耕，釣渭，擢居輔相，而人莫不以爲宜，伊陟、象賢復相大戊、丁公、世美入掌兵權，不以世故疑之也。崇伯殛死，禹作司空，蔡叔既囚，仲爲卿士，亦不以父故廢之也。惟其公而已矣。因謂及周之衰，小人得政，視朝廷官爵爲己私，援引親黨，分據要途，施及童稚，賢者退處於蓽門，老身而不用。公道不行，然後夷狄侵陵，國家傾覆，雖有智者不能善其後矣。由是，知《春秋》書武氏，仍叔之子云者，戒後世人主徇大臣私意，而用其子弟之弱者，居公選之地，以敗亂其國家，欲其深省之也（同上）。孜公選賢者以居要途，固聖人選賢與能之大訓也。然周代不有分封同異姓之諸侯，漢代不有同異姓之侯王乎？然皆得以建數百年之基業。且四邊有警，諸藩屏障，京師不危，得以從容周旋於其間。其視宋之邊警一起，京師震恐者，若何？故俞曲園以爲譏世卿者，乃後世之見。而謂古者諸侯世其國，大夫世其家，朝有世臣，野有世農，肆有世工，市有世商，相與維繫而不可解，爲長治久安之道。漢世諸姓，累世貴顯，與國同休戚，尚有古世卿遺意。魏晋以下，門第猶重。蓋孟子所謂故國世臣之意也（見曾昭旭《曲園學記》）。

八、因宋祖忌武將之教終無可用之人

《宋史》載乾德初，帝因晚朝與石守信等飲酒，酒酣。帝曰：「我非爾曹不及此。然吾爲天下殊不若爲節度使之樂，吾終夕未嘗安枕而臥。」守信等頓首曰：「今天命已定，誰復敢有異心，陛下何爲出此言耶？」帝曰：「人孰不欲富貴，一旦有以黃袍加汝之身，雖欲不爲，豈可得乎？」守信等謝曰：「臣愚不及此，惟陛下哀矜之。」帝曰：「人生駒過隙爾，不如多積金帛田宅，以遺子孫，歌兒舞女，以終天年，君臣之間無所猜嫌，不亦善乎？」守信謝曰：「陛下念及此，所謂生死而肉骨也。」明皆稱病，乞解兵權。帝從之，皆以散官就第（《石守信傳》）。此即史稱「杯酒釋兵權」者是也。史稱太祖之善於御將者亦以此。然由「吾爲天子殊不若爲節度使之樂」，及「有以黃袍加汝之身，雖欲不爲，豈可得乎？」數語，則太祖量狹而多猜忌深刻可知矣。

又太祖欲使符彥卿管軍，趙普屢諫，以爲彥卿名位已盛，不可復委以兵權。太祖不從。宣已出，普復懷之。太祖迎謂之曰：「豈非符彥卿事耶？」對曰：「非也。」因奏他事，既罷，乃出彥卿宣進之。太祖曰：「果然，宣何以復在卿所？」普曰：「臣託以處分之語有侏儒者復留之，惟陛下深思利害，勿復悔。」太祖曰：「卿苦疑彥卿何也？朕待彥卿厚，彥卿豈負朕耶？」普對曰：「陛下何以能負周世宗。」太祖默然（同上）。

又，曹翰獻取幽州之策，太祖謀之趙普。普曰：「翰取之，誰能守之？」太祖曰：「即使翰守之。」普曰：「翰死，誰守之？」而帝之辨遂窮（見王夫之《宋論》卷一）。

按：太祖出身行伍，雖嘗勒石，以不殺士大夫爲訓。固不失爲仁者之主，而於武將則不能無疑。猶欲使彥卿掌軍，而允曹翰之取幽州。惜趙普不能導其主以用賢與德，而詰以「何以能負周世宗？」及「翰死，誰守之？」是太祖之猜防，趙普與有力焉。故王夫之嘗析普禦翰之言云：

「謂誰能守者，非謂才不足以守也。謂翰死，無能如翰者，非謂世無如翰之才者也。普於翰有重疑矣。而太祖曰：『無可疑也。』普則曰：『舍翰而誰可弗疑也？』幽燕者，士馬之淵藪也。天寶以來，范陽首亂，而平盧、魏博、成德相踵以叛。不懲其失，舉以授之亢衡彊夷之武人，使拊河朔以瞰中原，則趙氏之宗祐危矣。嗚呼？此其不言之隱，局蹐喔嘶於閨闈，而甘於朒縮者也。」（《宋論》卷一）

善乎船山之隻眼，能探得趙氏君臣之至隱。唯其主上量狹，用事者猜忌，故良將隱而文人用，遂為有宋一代之家法，上下師師，壹於猜忌。其後，狄青、王德用之不得盡其材，皆以此也。

文定於南渡之初，思二帝蒙塵之恥，面强擄耀馬之脅。宜當知復讎守土之任，非宣力之武臣不足以成事。蓋將無權則不足以親士卒，士卒不親則不足以克敵致勝。然則，文定之解《春秋》也。一則曰：

「夫公子公孫升為貴戚之卿者，其植根膠固，難御於異姓之卿。況翬巳使主兵而方命乎？隱公不能辨之於早，罷其兵權。猶使之帥師也，是以及鍾巫之禍。」（隱公四年：「秋，翬帥師會宋公、陳侯、蔡人、衛人伐鄭」傳）

又，隱公十年：「夏，翬帥師會齊人，鄭人伐宋。」《傳》云：

「翬不氏，先期也。始而會宋以伐鄭，固請而行。今而會鄭以伐宋，先期而往。不待鍾巫之變，知其有無君之心矣。夫亂臣賊子，積其強惡，非一朝一夕之故，乃權勢已成，威行中外，雖欲制之，其將能乎？故去其公子，以戒兵柄下移，制之於未亂也。」

按：公子翬固請帥師，強君不義於前⑪。今又先會齊、鄭以伐宋。至求太宰而不得，反譖於桓而弒隱⑫，固爲亂人也。而文定假以兵權之說，乃有宋一代猜防武將之家法也。欲啓高宗復讎之心，當以尚武養將進之，今反以猜防啓之，何功之有哉！而文定言之不足，又言之，拳拳致意者再焉。如莊公二年：「公子慶父帥師伐於餘丘。」《傳》云：

「國而曰伐，此邑爾，其曰伐何也？誌慶父之得兵權也。莊公幼年即位，首以慶父主兵，卒致子般之禍。於餘丘，法不當書，聖人特書以誌亂之所由，為後戒也。魯在春秋中，見弒者三君，其賊未有不得魯國之兵權者。公子翬再為主將，專會諸侯，不出隱公之命。仲遂擅兵兩世，入杞伐邾，會師救鄭，三軍服其威令之日久矣。故翬弒隱公而寪氏不能過其惡；公子遂殺惡及視，而叔仲惠伯不能免其死。夫豈一朝一夕之故哉！《春秋》所書，為戒遠矣。」

又莊公三十有二年：「公子慶父如齊。」《傳》云：

「子般之卒，慶父弒也。宜書出奔，其曰如齊，見慶父主兵自恣，國人不能制也。昔成王將終，命大臣相康王。方是時，掌親兵者，太公望之子伋也。宰臣召公奭命仲桓、南宮毛取二干戈、虎賁百人于伋以逆嗣子。伋雖掌兵，非有宰臣之命不敢發也。召公雖制命，非二諸侯將命以往，伋亦不承也。兵權散主，不偏屬於一人可知矣。今莊公幼年即位，專以兵權授之慶父，歲月既久，威行中外，其流至此。故於餘丘，法不當書，而聖人特書慶父帥師，以志得兵之始。而卒書公薨，子般卒，慶父如齊，以見其出入自如，無敢討之者。以示後世，其垂戒之義明且遠矣。」

按：公子翬之得兵權。於前後專兵可知。若慶父者，於經傳皆未見得兵之明文。文定特求之於國而曰伐，今於餘丘乃邑爾，而曰伐，及慶父之齊，宜書奔，而夫子乃書如。其例有所不合，故知其必非常，因得得兵權，擁兵自恣之說。此先儒固已疑之⑬。其引〈康王之誥〉中，以干戈虎賁，扈蹕器仗為軍伍，尤誤⑭。然是說也，當有宋以猜防為家法之時言之，其啓高宗者非憤發復讎，乃所以深疑力戰之良將也。故王夫之云：「胡氏之說經也，於公子翬之伐鄭，公子慶父之伐於餘丘，兩發『兵權不可假人』之說。不幸而翬與慶父終於弒逆，其說伸焉。」又云：「然此非胡氏專家之說也。宋之君臣上下奉此以為藏身之固也久矣。石守信、高懷德之解兵也，曹翰之不使取幽州也，王德用、狄青之屢蒙按劾也，皆畜菹醢之心，而不惜長城之壞。天子含為隱慮，文臣守為朝章」（《宋論》卷十）。然則，胡氏因宋代之家法以入傳。雖欲因經以導高宗復讎守土，適啓高宗猜忌因循之心。惜哉！惜哉！儒者立言之不可不愼也若此。

九、因宋祖和議之故事終成偏安之局

宋承五代之弊，燕雲十六州淪於契丹。而幽燕者，負西山，帶盧溝，沓嶂重崖以東迤於海。足以拊瀛、莫、河朔之千里曠野，而瞰中原。然太祖時，曹翰獻取幽册之策，而趙普阻之。及太宗出討幽薊，普又以「戰者危事，難保其必勝；兵者凶器，深戒於不虞」（《宋史・趙普傳》）諫之。其後，高梁河、歧溝關兩役之敗，兵連禍結，而邊境之民遂爛。於是，「澶淵之盟」起，而兩國享無事之福者且百年。自是之後，邊兵一動，和議之聲遂起。而有宋一代，乃以是爲求存安枕之策。故元昊跳梁，雖韓、范名臣不能制，亦終以歲幣餌之，而中國始安枕。此北宋强盛時已如此。南渡之初，富平一敗，喪師數十萬，並陝西地盡失之，卒歸於和而後已。及金亮渝盟，兵叛身弒，此時宜可乘機進取，乃宿州一潰，又棄唐、鄧、海、泗，而卒歸於和。其後，開禧用兵，更至增歲幣，亟送韓侂胄之首，而後再定和議（趙翼《二十二史劄記》卷二十六）。此蓋有宋一代，戒權臣，忌武將，終至邊事一起，內無可用之人，外乏可戰之將，有以致之。既積弱不振如此，則和議、納幣，不失爲苟存之策故也。文定於南渡之初，以麟經進講，雖每以守土逐寇之意寓諸《春秋》。然其解經也又每以用兵力戰爲貶。蓋援趙家和議求存之法以入經故也。如莊公十年：「公敗齊師于長勺。」《傳》云：

「善為國者不師，善師者不陣，善陣者不戰。故行使則有文告之詞，而疆埸則有守禦之備，至於善陣，德已衰矣。而況兵刃相接。」

又如桓公十有三年：「及齊侯、宋公、衞侯、燕人戰。齊師、宋師、衞師、燕師敗績。」《傳》云：

「彼為無道，加兵於己，必有引咎責躬之事，禮義辨喻之文。猶不得免焉，則亦固其封疆，效死以守，上訴諸天子，下訴諸方伯連率，與鄰國之諸侯，其必有伸之者矣。不如是，而憤然與戰，豈已亂之道乎？」

按：「善爲國者不師，善師者不陣。」蓋聖人尚德賤力之垂訓。以孔子有但學禮而不知陳之言⑮

故也。然「引咎責躬之事，禮義辨喻之文。」上訴天子，下訴方伯。乃本三代盛世，王者之師而言。而春秋之時，强陵弱，衆暴寡，豈可繩以三代之盛世也。蓋霸者之術，與王者之政，固有異也。於霸者之時，責以王者之政，其於世變奈何？蓋世異則事異，事異則備變。徒執成康之盛世，進講於積弱之趙宋。是義理雖正大，而於時勢無濟也。胡氏不自知，故於莊公十年：「公敗宋師于乘丘。」《傳》又云：

「魯人若能不用詐謀，奉其辭令，二國去矣。」

按：《左氏》，乾時之戰，我師敗績。公喪戎路，傳乘而歸。舉國震恐。鮑叔又帥師來，於是，子糾死，管仲囚。幸長勺一戰，轉敗爲勝，得以穩定國本。而齊師、宋師又次於郎以謀我。非再敗於乘丘，則魯幾不能國矣。而文定謂「奉其辭令，二國去矣。」豈其然哉！又僖公元年：「冬，十月，壬午，公子友帥師敗莒師于酈，獲莒挐。」《傳》云：

「抑鋒止銳，喻以詞命，使知不縮而引去則善矣。」

按：《公羊傳》，慶父走莒，莒人逐之，將由乎齊，齊人不納，卻反舍于汶水之上。使奚斯入請，不可而死。莒人曰：吾已得子之賊，以求賂乎魯。是莒人乘約肆虐，志在必得。幸公子友敗之，魯乃得以安。故《左氏》以爲「嘉獲之也。」乃胡氏又以爲可「喻以詞命，使知不縮而去。」不亦迂乎！故明儒王介之云：「胡氏責以抑鋒止銳，喻以詞命，使知不縮而引去，此唯三代盛時，執九伐之權，以馭諸侯，而少有忿爭，可以理遣，爲能不用兵而敵自卻。若莒之乘約肆淫，無名之貪憤，而可賓賓然以筆舌責之乎？王者之師，不妄興以構怨，誠無事居功於斬馘，乃湯之於葛，文王之於崇密。詞窮而必繼之以芟夷。魯不修怨以伐莒，而但敗其來侵之師，又奚不可哉？況乎莒之求賂，魯人弗與。其弗與也，豈竟置之忘言哉！抑必有辭命焉，而無如莒之不聽何耳。」（《春秋．四傳質》卷上）。是矣。王氏之言，可謂執理而能達時勢者也。然胡氏又於文公二年：「晉侯及秦師戰于彭衙，秦師敗績。」《傳》云：

「敵加於己，而己有罪焉，引咎責躬，服其罪則可矣。己則無罪，而不義見加，諭之以詞命，猶不得免焉，亦告於天子方伯可也。若遽然興師而與戰，是謂以桀攻桀，何愈乎？」

按：《左氏》，秦孟明視帥師伐晉，以報殽之役。二月，晉侯禦之。然則彊敵大軍壓境而來，已但引咎責躬，喻之以詞命，則敵可退乎？且胡氏前文云：「夫敵加於己，不得已而起者，謂之應兵。」今孟明帥師而來，晉侯禦之，非應兵乎？而以「以桀攻桀」貶之。若必欲服罪，以合「處己息爭之道，遠怨之方。」豈非宋高向北稱臣構者乎？

文定既以爲「至於善陣，德已衰矣，況兵刃相接。」故凡服敵致勝，莫不嚴加貶絕。如於「公敗齊師于長勺」（莊公十年），則責以「兵刃既接，又以詐謀取勝。」於「公敗宋師于乘丘」（同上），則責以「偷得一時之捷，而積四鄰之忿」爲小人之道。於「公子友敗莒師于酈」（僖公元年），則責以「此強國之事，非王者之師。」甚者，尊王攘夷之師，亦不得自解免。如莊公三十年：「齊人伐山戎。」《胡傳》云：

「齊人者，齊侯也。其稱人，譏伐戎也。……夫北戎病燕，職貢不至。桓公內無因國，外無從諸侯，越千里之險，為燕闢地，可謂能修方伯連帥之職，何以譏之乎？桓不務德，勤兵遠伐，不正王法，以譏其罪。則將開後世之君，勞中國而事外夷，捨近政而貴遠路，困吾民之力，爭不毛之地，其患有不勝言者。故特貶而稱人，以為好武功而不修文德者之戒也。」

按：《左氏》，冬，遇於魯濟，謀山戎也。以其病燕故也。蓋齊桓行霸，戎人病燕，齊桓乃爲燕謀難。故首與魯謀而伐之。則是師乃尊王攘夷之師，胡氏亦稱其「能修方伯連帥之職」。特謂「內無因國，外無從諸侯」者不確耳。至謂「勤兵遠伐」。毛奇齡嘗云：「燕齊接壤，而山戎界于其間，不必甚遠。若謂遠即不伐，則禹征三苗，王季征西落，豈俱在肘腋間乎」（《春秋傳》卷十二）是矣。要之，胡氏於無貶之中，求譏斥，要在「以爲好武功而不修文德者之戒」句也。此乃趙普「所宜端拱穆清，嗇神和志，自可遠繼九皇，俯觀五帝。豈必窮邊極武，與契丹較勝負哉」（《趙普傳》）之意也。

又僖公二十有八年：「晉侯、齊師、宋師、秦師及楚人戰于城濮。楚師敗績。」《傳》云：

「楚雖請戰，而及在晉侯，誅其意也。」

按：荊楚恃強，憑陵諸夏，威動天下，不有晉文城濮之勝，則民其被髮左衽矣。而文定以爲誅其意，不亦迂乎？故明儒王介之云：「晉侯之意，在敗楚以抑其橫，昭然無所匿。乃曰誅其意也。以中國禦荊蠻，此又昭公元年：「晉荀吳帥師敗狄于大鹵。」《傳》云：

「大鹵，太原也。……然則，太原在禹服之內，而狄人來侵，攘斥宜矣。其過在毀車崇卒，以詐誘狄人而敗之，非王者之師耳。使後世車戰法亡，崇尚步卒，爭以變詐相高，日趨苟簡，皆此等啟之矣。書敗狄，譏之也。」

按：戰者，所以求勝也。既曰「攘斥宜矣。」又以「以詐誘狄而敗之」爲譏。戰豈兒戲而可以狎之也。故朱朝瑛云：「險阨之地，不利車戰。故兵法，廣地用車，險地用步，毀車崇卒，乃一時之權宜，豈爲過哉！闇于大較，執不移等。大則敗亡，小則屈辱，亦君子所不取也。」（《讀春秋略記》卷十）。且此役，乃攘夷之師也，文定譏之，何也（參閱徐學謨《春秋億》卷六）。

又昭公十有七年：「八月，晉荀吳帥師滅陸渾之戎。」《傳》云：

「夷不亂華，陸渾之戎，密邇王室，而縱之雜處。則非膺戎狄，別內外之義也。與闢土服遠，以圖強霸則異矣。然舉其名氏，非褒詞也。纔得無貶耳。」

按：既云「縱之雜處，則非膺戎狄，別內外之義。」則荀吳能膺之滅之，乃可喜耳。是以何其偉云：「書以大之也。」（《經義考》卷一百八十五引）。而徐學謨亦云：「善晉攘夷也。」（《春秋億》卷六）。唯文定以爲「纔得無貶耳。」

文定於攘夷之師，貶斥不遺餘力。故於莊公之「治兵」，「師還」（莊公八年），又皆以「黷武」譏之。甚謂「夫以力服人者，人亦以力勝之矣。吳嘗破越，遂有輕楚之心，及其破楚，又有驕齊之志；既勝齊師，自謂莫敵矣。而越已入其國都矣。吳侵中國而越滅之，越又不監而楚滅之；楚又不監而秦滅之；秦又不監而漢滅之。」拳拳以兵爲戒，至引曾子「戒之戒之，出乎爾者，反乎爾。」及老氏「佳兵不祥之器，其事好還」（皆見哀公十有三年：「於越入吳」傳），以警後世之人主。其與趙普所謂「戰者危事，難保其必勝；兵者凶器，深戒於不虞。」而欲太宗出討幽薊之師速還，無容玩敵（《宋史．趙普傳》）之意何以異？

若有衆暴寡，强陵弱，如齊之攻紀者（桓公十有三年）。文定則以爲當「力同度德，動則相時」爲說。蓋「小國讎大國，而幸勝焉。」乃禍之始也。故《春秋》書「及齊侯、宋公、衞侯、燕人戰。齊師、宋師、衞師、燕師敗績」（桓十有三年）。文定以爲蓋齊人合三國以攻紀，魯、鄭援紀而與戰。不然，紀懼滅亡之不暇，何敢將兵越國以增怨也。今紀不知量力相時，因魯、鄭之力以敗齊，適足以速亡。故夫子以紀爲主，乃欲人主省德相時之意也。按：是說也，豈非宋人懼戰請和之術乎？故王介之云：「以持重爲萬全之道者，國家方盛，而外寇竊發，待其自斃而斃之，善於勝者也。故趙充國得之西羌，而吳明徹失之淮北。若乎狡焉啓疆之巨敵，成乎不可解之難。孤弱自守，日漸衰亡。則出萬死一生，以與爭存亡之命。內顧祖宗之世守，不忍自我而坐餉他人，寸心未死，其能隱忍而莫之較乎？其勝也或猶可激臣民之氣，以與胥效死也。即其不然，而亦足以報先王先公於地下矣。存一日之宗祊，盡一日之人事。束手待盡，豈復有生人之氣哉！」（《春秋．四傳質》卷上）。又云：「為謀若此，與秦檜，湯思退之謀國，又奚以異耶？」（同上）。而王夫之亦謂秦檜之主和，亦與《胡氏春秋》之旨相符（《宋論》卷十）。熟讀《胡傳》知二王之說非吾欺也。要之，乃胡氏援宋代家法以入經故也。

十、因緣飾經義終無補苟且因循之志

余嘗考《胡氏傳》於《公羊》大復讎之旨，拳拳致意者再，尤於莊公之篇見之。然其於魯桓之見弒於齊，賊未討而書葬。則又承《公》、《穀》二傳「不責其踰國而討」之說。云：

「《公羊》曰：賊未討，何以書葬？讎在外也。穀梁子曰：讎在外者，不責踰國而討于是也。夫桓公之讎在齊，則外也。隱公之讎在魯，則內也。在外者不責其踰國，固有任之者矣。在內者討于是，此《春秋》之法也。故十八年書王，而桓公書葬，惟可與權者，其知之矣。」

攷文定於「隱公薨」，《傳》云：「不書葬，示臣子於君父有討賊、復讎之義。……夫賊不討，讎不復，而不書葬，則服不除，寢苦枕戈，無時而終事也。」（隱公十一年）。於《公及齊人狩于禚》傳，亦云：「父母之讎，不共戴天。」（莊公四年）。是皆緣禮經「君之讎眂父」，與「寢苫枕戈，弗與共戴天」之文以立義也。然天豈有內外乎？在內而為臣子，則為賊；在外而為鄰國，則為仇。內賊必討，外仇必復，臣子之心，其義一也（張自超《春秋宗朱辨義》卷二）。今以桓公之仇在外，而反釋之，不亦悖乎？故王介之云：「賊之在內與在外，奚以別？在內者，非篡立之君，則擅權之執政，國人且受其脅持，而庶子孤臣，擯逐流亡，志不得遂，猶可矜也。在外者，闌入而戕賊其君父，嗣子猶有其國家，臣子猶可鼓勵。甘心伏服而不與爭死生之命，罪愈大矣。而曰不責踰國而討，則懷愍青衣之憾可以懷安於建業，徽、欽北狩之辱，可以北嚮而稱臣。此《公》、《穀》之說，所以異於聖人。而胡氏因之，尤非南宋臣子之所忍言也」（《春秋四傳質》卷上）是矣。又莊公十有三年：「公會齊侯，盟于柯。」《傳》云：

「始及齊平也。世讎而平可乎？於傳有之，敵惠敵怨，不在後嗣。魯於襄公有不共戴天之讎，當其身則釋怨不復，而主王姬，狩于禚，會伐衛，同圍郕，納子糾。故聖人詳加譏貶，以著其忘親之罪。今易世矣，而桓公始合諸侯，安中國，攘夷狄，尊天王，乃欲修怨怒鄰，而危其宗社，可謂孝乎？故長勺之役，專以責魯，而柯之盟，公與齊侯皆書其爵，則以為釋怨而平，可也。」

按：文定責莊公之忘親，不易之論也。特又引「敵惠敵怨，不在後嗣」之說，以爲齊、魯可平。則於時局之艱，無激揚之效，反有因循之禍。故萬氏斯大云：「先儒猥援敵惠敵怨，不在後嗣之言，謂齊、魯可平。嘻！怨之與讎，可同日語乎？怨者，一時之嫌；讎者，無時而可通。讎而可通是天下有無父之人矣。」（《學春秋隨筆》卷三）是矣。又莊公三年：「紀季以酅入于齊。」《傳》云：

「紀季所以不書奔者，有紀侯之命矣。所以不書名者，天下無道，強眾相陵，天子不能正，方伯不能伐，屈己事齊，請後五廟，其亦不得已而為之者，非其罪也。」

按：紀季之入齊，或以爲叛⑯，或以爲有紀侯之命⑰；其說不一。特文定既欲以《春秋》導其君，而以《公羊》「請後五廟於齊」之義進講，則非矣。故王介之譏之，云：「國之立君，君之有臣，凡以爲社稷也。君爲社稷死則死之，爲社稷亡則亡之。況其貴戚之卿，生死與共者乎？宗社而將危矣，君方奮不顧身，以與敵爭一旦之命，爲之臣者，義無可生，情無可去。若其貪生懷利，以君之土爲己獻納之資，歸命仇讎而無所恧忌，其必誅不赦也無疑，而猶爲之曲說。胡氏之於此，猶辭獎亂之愆而不可得矣。」（《春秋四傳質》卷上）。蓋「地已入齊，身已臣齊，未有亡國之大夫，可立先君之廟於他國者也。籍令齊人姑許其立以誘之，紀之先君恕恫於幽，詎忍甘叛臣之血食乎！」（同上）是矣。故王氏因謂「胡氏之云，豈非秦檜之嚆矢歟！」（同上）。非苛論矣。

又哀公元年：「楚子、陳侯、隨侯、許男圍禁。」文定云：

「獨書圍蔡何也！蔡嘗以吳師入郢，昭王奔隨，壞宗廟，徙陳器，撻平王之墓矣。至是，楚國復寧，帥師圍蔡，降其眾，遷其國，而《春秋》書之略者，見蔡宜得報，而楚子復讎之事可恕也。」

按：文定欲導高宗復二帝北狩之讎，故爲此說。然於華夷之辨，義又疏矣。故姜寶云：「康侯之言，爲高宗不復金讎而發也。然宋則蔡也，金則楚也。欲勸其君復讎於夷狄，而反恕夷狄之遷虐於中國，義則踈矣。」（《春秋事義全考》卷十六）是矣。

綜前所述，知文定之解《春秋》，雖以大復讎爲旨（詳見本章第二），而於復讎之義則未盡也。其不責踰國而討之說，用之於宋，則金亦外也。故二帝北狩之辱可以不復矣。紀季之於紀侯，亦猶趙構之於徽、欽也；季之入齊，爲請五廟於齊；則高宗之偏安，亦爲趙氏存血食之祭於江南，而非恥辱矣。甚者，以夷楚之亂華，而許之曰復讎，不亦可怪乎？

又尊王攘夷，亦《春秋》之大旨。自昔聖人已有「微管仲，吾其被髮左衽矣」⑱之美辭。然「夷不攘，則王不可得而尊。王之尊，非唯諾趨伏之能尊；夷之攘，非一身兩臂之可攘」（王夫之《宋論》卷十）也。然《胡傳》於師武之臣，多援藝祖懲艾黃袍之故事而貶絕之（見本章第八）。於救亡圖存之師，如紀、齊之戰（桓公十三年），則責以「引咎責躬之事，禮義辨喻之文。」而謂「力同度德，動則相時，小國之讎大國而幸勝焉，禍之始也。」於長勺之戰，乘丘之師（莊公十年），公子友敗莒之役（僖公元年），則責以「善爲國者不師，善師者不陣，善陣者不戰。」而謂「已亂之道，寡怨之方，王者之事也。」（見本章第九）。按：凡此皆執三代盛世，執九伐之權，以馭諸侯，小有忿爭，可以理遣之盛事，以繩衰世之事。雖欲砭當世，使漸進於三代之治，適足以啓高宗懼戰之心。故王介之云：「胡氏之說，殆高宗、秦檜挫折岳、韓之嚆矢與」（《春秋四傳質》卷上）。蓋抑鋒止銳，則束手以待其陵踐我人民，動搖我社稷矣。豈可以爲訓哉！

若夫攘夷狄之師，如齊侯之伐山戎（莊公三十年），則責以「不務德，勤兵遠伐」，「故特貶稱人，以爲好武功而不修文德之戒也。」於齊桓之問楚罪（僖公四年），則責以「不請命而擅合諸侯。」於晉文城濮之拒楚（僖公二十八年）則曰：「誅意。」謂「功雖高，語道則三王之罪也。」按：凡此皆執尊天王之命，而不達時勢之故。是以，王介之云：「胡氏當汪、黃誤國之餘，猶以志戰爲罪，無爲秦檜之先聲乎？」《春秋四傳質》卷上）。

又宣公十有五年：「晉滅赤狄潞氏，以潞子嬰兒歸。」則謂責「晉之暴，而滅見滅之罪。」昭公元年：「晉荀吳帥師敗狄于大鹵。」則責以「毀車崇卒，以詐誘狄人而敗之，非王者之師耳。」十二年：「晉伐鮮虞。」則曰狄晉。十五年：「晉荀吳帥師伐鮮虞。」則謂「非褒之也，纔免於貶耳。」十七年：「晉荀吳帥師滅陸渾之戎。」則云：「非褒詞也，纔得無貶耳。」則窮兵於遠，虛內事外者可知矣。」按：凡此皆本天子王天下，無不覆載之義爲言。而不知宋室之積弱，當以尚武教戰進之，豈可以凡用武皆爲窮兵言之哉！故何其偉云：「夫胡氏當建炎間，以《春秋》入侍，此何時也？而猶亹亹焉以戒窮兵於遠者。金人起海角也，遠者也。宋未嘗窮兵也，胡爲而徽、欽北？胡爲而康王南？尋則奔明州，走溫州。胡氏以《春秋》進講而輒戒窮兵。其君復詡詡曰：安國所講《春秋》，吾率二十四日讀一遍。嗟呼！惟熟於胡氏之《春秋》而戒窮兵，戒窮兵而厭兵；厭兵而後和議決矣。」（朱彝尊《經義考》卷一百八十五引）。旨哉斯言。由是觀之，《胡傳》固以三代之治爲志者也。特以「攘夷之義，終爲尊王所掩」（蔣伯潛《經與經學語》），因反爲去戰主和之先導也。本欲以濟時局之艱者，反爲時局之害，文定何能辭其咎也。然則，高宗之苟且因循亦有由矣。

本章附註

①宋，朝代名，趙匡胤所建，分北宋、南宋。胡安國生於北宋，卒於南渡。其《春秋傳》一書作於宋朝南渡之初，故其解經，或寄慨於時事，或寓宋朝之家法，因作寓宋說。

②馬端臨《文獻通攷》卷一百八十二：「蓋漢人專務以《春秋》決獄，陋儒酷吏遂得因緣假飾。往往見二傳（按：《公羊》、《穀梁》）中所謂『責備』之說，『誅心』之說，『無將』之說，與其所謂巧詆深文者相類耳。」

③孫復《春秋尊王發微》卷一：「公及邾儀父盟于蔑」云：「凡書盟者，皆惡之也。」「天王崩」云：「天子崩，七月而葬，諸侯卒，五月而葬，此禮之常也，故不書焉。凡書葬者，非常也。」劉敞《春秋傳》卷一：「齊侯、鄭伯盟于石門」云：「何以書？盟會之事告則書。盟會之事，曷爲告則書？常事不書，非常則書。盟會於《春秋》，常也；於王者，非常也。」

④見莊公三十年：「齊人伐山戎」《胡氏傳》。

⑤桓公十有一年《左氏傳》：「宋雍氏女於鄭莊公，曰雍姞，生厲公。雍氏宗有寵於宋莊公，故誘祭仲而執之，曰不立突，將死。亦執厲公而求賂焉。祭仲與宋人盟，以厲公歸而立之。秋，九月，丁亥，昭公（按：即鄭公子忽）奔衞。」

⑥僖公十有九年：「梁亡。」《胡氏傳》云：「陸淳曰：秦肆其暴，取人之國，沒而不書，其義安在？曰：乘人之危，惡易見也。滅人之國，罪易知也。自取亡滅者，其事微矣。《春秋》之作，聖人所以明微也。梁本侯國，魚爛而亡，何哉？《易》曰：天行健，君子以自强不息。古者、諸侯朝修其業令，晝考其國職，夕省其典刑，夜儆百工，無使慆淫而後即安。故克勤于邦，荒度土功者，禹也。慄慄危懼，檢身若不及者，湯也。自朝至于日中昃，不遑暇食，用咸和萬民者，文王也。凡有國家者，土地雖廣，人民雖衆，兵甲雖多，城郭雖固，而不能自强於政治，則日危月削，如火銷膏，以至滅亡而莫覺也。而況好土功，輕民力，湎於酒，淫於色，心昏而出惡政者乎？其亡可立而待也。」

⑦昭公二十有五年：「十有二月，齊侯取鄆。」杜預注云：「取鄆以居公也。」《胡氏傳》云：「鄆，魯邑也。直書齊侯取之，何也？齊侯不自取，而爲公取鄆，使居之也。」

⑧杜預《春秋經傳集解》卷十：「洩治直諫於淫亂之朝以取死，故不爲《春秋》所貴。」又云：「言邪辟之世，不可立法，國無道，危行言遜。」

⑨杜預《春秋經傳集解》卷二：「孔父稱名者，內不能治其閨門，外取怨於民，身死而禍及其君。」卷三：「仇

牧稱名，不警而遇賊，無善事可褒。」卷五：「荀息稱名者，雖欲復言，本無遠謀，從君於昏。」

⑩杜預《春秋經傳集解》卷三：「石之紛如，齊小臣。孟陽，亦小臣。」卷十七：「傳言莊公所養非國士，故其死難皆嬖寵之人。」竹添光鴻《左傳會箋》卷三：「徒人費、石之紛如死於門，孟陽代君死於牀，經皆不書。《春秋》之法，非卿例不得書。《左氏》詳其事，不沒人善。胡氏乃推不書之故，以便嬖私暱，逢君之惡責三人，此昧於經例，顛倒是非之甚者也。」

⑪隱公四年《左氏傳》：「秋，諸侯復伐鄭，宋公使來乞師。公辭之，羽父請以師會之。公弗許，固請而行。故書曰：翬帥師，疾之也。」

⑫隱公十有一年《左氏傳》：「羽父請殺桓公，將以求大宰。公曰：為其少故也，吾將授之矣。使營菟裘，吾將老焉。羽父懼，反譖于桓公，而請弒之。」

⑬毛奇齡《春秋傳》卷九：「胡氏謂魯在《春秋》中，見弒者三君，其賊未有不得魯兵柄者，公子翬、仲遂、慶父皆是也。然此皆六朝時事，《春秋》藏兵於賦，不立軍閫，其得失未必如此。」

⑭毛奇齡《春秋傳》卷十二：「胡氏向於慶父帥師伐于餘丘時，發一大義，謂權姦篡弒，未有不掌兵柄者。至是不驗，乃又謂出入自如，皆由其主兵自恣之故。遂曲引〈康王之誥〉，干戈虎賁，扈蹕器仗，認作軍伍，責慶父擅兵。」

⑮《論語．衛靈公》篇：「衛靈公問陳於孔子。孔子對曰：俎豆之事，則嘗聞之矣。軍旅之事，未之學也。」

⑯孫復《春秋尊王發微》卷三：「紀季、亡兄之親，取兄之邑，以事于齊，其惡可知也。」

⑰葉夢得《春秋傳》卷五：「紀季告於紀侯，以其邑入齊爲附庸。」陳傅良《春秋後傳》卷三：「紀侯在而季以酅入齊。若以邑叛，然則其稱字何？紀侯意也。」

⑱《論語・憲問》：「子貢曰：管仲非仁者與？桓公殺公子糾，不能死，又相之。子曰：管仲相桓公，霸諸侯，一匡天下，民到于今受其賜。微管仲，吾其被髮左衽矣。」

第五章　《春秋胡氏傳》之批評（上）

一、前言

胡安國《春秋傳》於紹興六年十二月上之御府，時高宗嘗謂「安國明於《春秋》之學，比諸儒所得尤邃。」（《皇宋兩朝中興聖政》卷二十一）。又置之座右，率二十四日讀一過（同上）。其深見獎重可知。然文定之作斯《傳》也，嘗函楊龜山論「元」字義，謂「元者，仁也；仁者，心也。《春秋》深明其用自貴者始，故治國先正其心。」（《龜山文集》卷二十）。《龜山復康侯書》則謂「其說似太支離。」（同上）。洎書出，時儒：若張南軒、朱晦翁、黃東發、呂大圭及黃仲炎等，莫不交相抉摘；或謂其拘泥，或稱其苛酷；或指其迂腐，或說其穿鑿。是非紛錯，莫衷一是。則其說之不安於人心可知。其後，惟元儒汪氏克寬堅主《胡傳》，而爲之《纂疏》；明儒胡廣等剿襲汪書爲《大全》。於是，《胡傳》遂於宋、元、明三代取士之定本矣。然亦因是，抉摘《胡傳》者亦日衆。元儒如俞臯、李廉、黃澤、程端學。明儒若張以甯、童品、高拱、徐學謨、姜寶、楊于庭、朱朝瑛、王介之等，皆時有糾正。而陸粲、袁仁遂有專著以辨其非。至清，又有顧炎武、俞汝言、毛奇齡、萬斯大，徐廷垣、張自超諸儒之匡補。於是，《胡傳》之支離、拘泥、穿鑿者，歷三代諍友之廓清，其瑕蕪者或已剝落，而瑾瑜之幽光，庶幾亦可見矣。今將《胡傳》之疏謬者，條分縷析於後，使讀胡書者，得見其瑾瑜之美，而不爲瑕蕪者所拘。亦使有志立言者，知立言之難而不敢輕忽也。

二、體例與義例

(一)體例

1、割裂經文

〔隱公〕

元年

春王正月

按：經文本作「元年，春，王正月。」文定爲發「元即仁也，仁，人心也。《春秋》深明其用當自貴者始，故治國先正其心，以正朝廷與百官，而遠近莫不壹於正」。及「夏時冠周月」以垂法後世之義。乃截「元年」，「春王正月」爲兩段。使《春秋》以事繫日，以日繫月，以月繫時，以時繫年之紀事體，支離而不明。似非解經者應有之作法也。

四年

秋翬帥師

會宋公陳侯蔡人衞人伐鄭

按：經文本作「秋，翬帥師會宋公、陳侯、蔡人、衞人伐鄭。」原甚完整且明白。今「欲發不稱公子之義，以翬帥師爲一截，伐鄭爲一截，致使聖經之明者反晦，續者反斷，似非釋經之善也。」（童品《春秋經傳辨疑》卷上）。

〔桓公〕

元年

春王正月公即位

按：經文本作「元年，春，王正月，公即位。」亦爲紀事之體，今欲發不改元之義，及「桓公與聞乎故而書即位，著其弒立之罪，深絕之也」之筆法。乃截爲兩段。

二年

春王正月戊申

宋督弒其君與夷

及其大夫孔父

按：經文原作「二年，春，王正月，戊申，宋督弒其君與夷及其大夫孔父。」亦紀事之體。今文定欲發「桓無王，而二年書春王正月，以天道王法正宋督之罪」之義，及「著其節而書及，不失其官而書大夫。」「君前臣名」等義，乃割裂聖經爲兩截，且本條書法與莊公十二年：「宋萬弒其君捷及其大夫仇牧。」僖公十年：「里克弒其君卓及其大夫荀息。」完全相同。而文定於宋萬事未加分截，於里克事則又分爲兩截，蓋欲發「國人不君奚齊卓子，而曰里克弒其君卓」是「里克君之也」之義故也。欲發義例，乃分割經文，恐非解經者應有之態度也。

三年春正月

公會齊侯于嬴

十年春王正月

庚申曹伯終生卒

十有八年春王正月

公會齊侯于濼

按：以上三條皆屬紀事之體，而文定皆分割爲兩截。蓋三年所以發「桓公三年而後，經不書王」之義。十年，十八年所以發「桓無王，今復書王」之義也。然經文本甚明白，今分割爲兩節，使讀者不知會嬴，會濼之在何月；而曹伯終生之卒，但知在庚辰日，而不知在何月，豈釋經之體哉！

〔莊公八年〕

冬十有一月癸未齊無知

弑其君諸兒

按：童品云：「經書『冬，十有一月，癸未，齊無知弑其君諸兒』。本自連屬，意亦明白。《胡傳》卻截之，以『齊無知』爲一節，下文『弑其君諸兒』爲一節；使學者讀之，不知『齊無知』爲何義？弑其君爲何賊？反不貫串。夫傳以明經爲主，解釋雖詳，而分截失宜，亦未盡善也。」（《春秋經傳辨疑》卷上）姜寶亦云：「總是一句，不當作兩句解。」（《春秋事義全考》卷三）。

〔僖公三十年〕

秋衞殺其大夫元咺

及公子瑕

按：文定「從穀梁稱國以殺之義而分爲兩段。」（童品《春秋經傳辨疑》卷上）。使讀者不知「及公子」爲何事何意。

〔僖公三十有一年〕

夏四月四卜郊，

不從乃免牲，

猶三望。

按：「本一段事，胡氏承《公羊》、《穀梁》之傳，分爲三節，經意不相屬矣。」（童品《春秋經傳辨疑》卷上）。又文公三年，經書「春，王正月，郊牛之口傷，改卜牛，牛死，乃不郊，猶三望。」文定亦自「猶三望」以下另分爲一節。

〔定公〕

元年春王

三月晋人執宋仲幾于京師。

按：童品云：「經本書『元年，春，王三月，晋人執宋仲幾于京師。』《公羊》、《穀梁》欲發『定無王』之義，乃截『春王』二字爲一節，胡氏因之，致使經文離析，意不相續，此傳經之大病也。」（《春秋經傳辨疑》卷下）。張自超亦云：「此年『春王』二字宜直貫『三月晋人執宋仲幾于京師』，作一條，而不書正月之義自寓矣。（《春秋宗朱辨義》卷十一）。

按：傳者，轉也。所以轉述經義以示後人①。自當以明白曉暢爲主。今文定每割裂經文，以發義例，使明者反晦，續者反斷，支離破碎；雖解釋精詳，字字有義。學者讀之，反迷惑不解。雖欲羽翼聖經，而經義愈晦。童品以爲「解經之大病」（《春秋經傳辨疑》卷下），非誣也。

2、體例鬆弛

隱公五年：「夏，葬衞桓公。」《傳》云：

「列爵惟五，皆王命也。衞本侯爵，何以稱公？見臣子不請於王而私自謚爾。」

按：春秋諸侯之謚公，國國皆然，非止一衞而已。文定釋經，自當於始見經者發之，以貫通全經。今不發於宋穆（隱公三年）而發於衞桓，非釋經之法也。故姜寶云：「前此於葬宋穆公，已當發凡例矣，何至此然後言及耶？」（《春秋事義全考》卷一）。

宣公十有五年：「仲孫蔑會齊高固于無婁。」《傳》云：

「大夫與大夫會，禮亦不自諸侯出矣。田氏簒齊，六卿分晉，三家專魯，理固然矣。不能辨之於早，後雖欲正之，其將能乎？」

按：大夫與大夫會，始於文公十有一年：「叔彭生會晉郤郤于承匡。」而文定于承匡之會無傳。其不發傳於彼，而發傳于此，故朱朝瑛謂其誤（《讀春秋略記》卷七）。實則，體例不夠嚴謹故也。

昭公元年：「叔孫豹會晉趙武、楚公子圍、齊國弱、宋向戌、衛齊惡、陳公子招、蔡公孫歸生、鄭罕虎、許人、曹人于虢。」《傳》云：

「此陳侯之弟招也，何以不稱弟？諸侯之尊兄弟，不得以屬通。曰公子者，其本當稱者也。曰弟者，因事而特稱之也。」

按：《錄疑》云：「春秋以諸侯之弟稱公子者多矣，何待至此而後發不以屬籍通之例耶？」（姜寶《春秋事義全考》卷十三引）。

按：以上三例，係發傳例，不發於始見經之傳，而發之於後，使讀者不得循例之先後以貫通全經，則其非善解經者之體例可知。而全書類此者甚夥矣。

※※※ ※※※ ※※※

桓公十有八年：「夏，四月，丙子，公薨于齊。」

按：文定於本條經文下無傳。卻於下文「丁酉，公之喪至自齊」下云：「魯公弒而薨者，則以不地見其弒。今書桓公薨于齊，豈不沒其實乎？前書公與夫人姜氏如齊，後書夫人孫于齊，去其姓氏，而莊公不書即位，則其實亦明矣。」攷《胡傳》之解經，不解於本經之下，而解於他經之下，體例已弛。且「公之喪至自齊」之傳，亦不明言「公之喪」何以「至自齊」之故，而侈言莊公不書即位之事，其非解經之體可知。

莊公六年：「夏，衛侯朔入于衛。」

按：文定於本條經文下無傳，卻於下文「秋，公至自伐衞」傳見之。此愈時而為傳，讀者何所從也。

定公八年：「盜竊寶玉大弓。」

按：文定於本條經文下無傳。卻於九年：「得寶玉大弓」傳見之。此愈年而始為傳，解經者有若是者乎？

定公十有一年：「宋公之弟辰及仲佗、石彄，自陳入于蕭以叛。」

按：文定於本條經文下無傳，卻於「秋，宋樂大心自曹入于蕭」傳見之。

哀公八年：「夏，齊人取讙及闡。歸邾子益于邾。」

按：文定於此二條經文下皆無傳。卻於下文，「冬，齊人歸讙及闡」傳見之。

按：文定既爲聖經作傳，不於本條經文處見之，而於他文處解說之，不亦迂屈乎？似有未便於學者也。故童品責之以「非釋經之體。」（《春秋經傳辨疑》卷下）。非誣也。然《胡傳》全書類此者，夥頤沈沈矣。

※※※　　※※※　　※※※

成公十有八年：「晉弒其君州蒲。」《傳》云：

「仲尼無私，與天為一，奚獨於趙盾、許止、歸生、楚比、陳乞、則責之甚備，討之甚嚴；而於欒武子闊略如此乎？學者宜深求其旨，知聖人誅亂臣，討賊子之大要也。」

按：此條經文與文公十有八年：「莒弒其君庶其。」定公十有三年：「薛弒其君比。」書法正同。而與其他弒君之恆例則異。文定於「莒弒其君」則無傳，於「薛弒其君」則謂「當國大臣之罪。」於此，則雖演說數百字，但云：「學者宜深求其旨，知聖人誅亂臣，討賊子之大要。」

而不明言其義。致博學如朱熹者，猶待問其甥范伯達，而後始知文定之意爲「欒書執國之政，而厲公無道如此，亦不得坐視。爲書之計，厲公可廢而不可殺也。」（《五經語類》卷五十九）。故朱子責其「累數百言而其意絕不可曉，是亦拙於傳經者也」（同上）。陸氏粲亦責其「求其說而不得，而又不可以無說，故支離其詞」（《春秋胡氏傳辨疑》卷下）。二氏之言，皆深中肯綮也。

攷文定之解經，常演說義理而與經義無涉，類前例者，爲數甚夥，誠解經家之大病也。故朱子嘗譏之云：「解經不使道理明白，卻就其中多使故事，大與做時文答策相似」（《五經語類》卷五十八）。文定之不善解經，由此可知矣。

(二)義例

文定治《春秋》之方法，要皆求之於例。攷治《春秋》之言例，固始自漢儒。特文定執之過泥，而經義遂深，故可議者特多，而抉摘者尤衆。今條舉其大端於後，以明其梗概焉。

1、同例歧義

(1)稱人例

隱公元年：「九月，及宋人盟于宿。」《傳》云：

「內稱及，外稱人，皆微者。」

隱公八年：「九月，辛卯，公及莒人盟于浮來。」《傳》云：

「莒，小國。人，微者。」

桓公十有一年：「齊人、衞人、鄭人盟于惡曹。」《傳》云：

「惡曹之盟，即三國之君。……以奪爵示貶。」

莊公十有三年：「齊侯、宋人、陳人、蔡人、邾人會于北杏。」《傳》云：

「四國稱人，以誅始亂，正王法也。」

僖公十有九年：「會陳人、蔡人、楚人、鄭人盟于齊。」《傳》云：

「盟會皆君之禮也。內則沒公，外則人諸侯，與其貴大夫，諱是盟也。……蓋深罪之也。」

按：同爲盟會稱人之例，文定或以稱人爲微者，或以稱人爲奪爵示貶，或謂正王法，或謂深罪之。不問其事之當否，但以人之一字而定褒貶。且一字數義，漫無標準。

※※※　　※※※　　※※※

莊公十有三年：「夏，六月，齊人滅遂。」《傳》云：

「其稱人，微者爾。」

莊公十有四年：「春，齊人、陳人、曹人伐宋。」《傳》云：

「其稱人，將卑師少也。」

莊公三十年：「齊人伐山戎。」《傳》云：

「其稱人，譏伐戎也。」

文公三年：「叔孫得臣會晉人、宋人、陳人、衛人、鄭人伐沈。沈潰。」《傳》云：

「五國皆稱人，將非命卿。……其辭無褒貶。」

文公十有四年：「晉人納捷菑于邾。弗克納。」《傳》云：

「何以稱人？大夫而置諸侯，非也。聞義能徙，故為之諱。內以諱為貶，外以諱為褒。」

昭公二十有三年：「晉人圍郊。」《傳》云：

「既不書大夫之名氏，又不稱師，而曰晉人，微之也，所謂以其事而微之者也。」

按：同為用兵稱人例，或以為微者，或以為將卑師少；或以為譏貶，或以為直辭無褒貶；甚謂稱人為諱，且以諱為善。若夫以稱人為微者，又謂或以位，如王朝之下士，侯國之士，小國大夫之類，以其位卑賤故微之也。或以人，如人之賢否不足紀者是也。或以事，蓋事之功過不足錄，如圍郊是也（見昭公二十二年：「莒子庚輿來奔」傳及汪克寬《春秋胡傳附錄纂疏》）。其漫無標準又如是。

※※※　※※※　※※※

莊公二十有三年：「荊人來聘。」《傳》云：

「稱人者，嘉其慕義自通，故進之也。」

僖公元年：「楚人伐鄭。」《傳》云：

「楚稱人，浸強也。」

僖公十有八年：「冬，邢人、狄人伐衛。」《傳》云：

「狄稱人，進之也。慕義而來，進之可也。」

僖公二十有七年：「楚人、陳侯、蔡侯、鄭伯、許男圍宋。」《傳》云：

「楚稱人，貶也。」

襄公五年：「公會晉侯、宋公、陳侯、衞侯、鄭伯、曹伯、莒子、邾子、滕子、薛伯、齊世子光、吳人、鄫人于戚。」《傳》云：

「吳何以稱人？來會諸侯而不為主，則進而稱人。」

按：同是夷狄，皆以人書，文定或以爲進之，或以爲浸强，或以爲貶絕。同以人字爲斷，而褒貶殊異。且僖公十八年冬，狄人伐衞，以夷狄而伐諸夏，不知有何可褒？同年夏，狄救齊。文定以爲許狄也，而經反不書人以進之，又何也？若邢之稱人，是褒是貶，則又無說焉。又襄五年之吳人，以爲進之。而鄫亦稱人，不知是褒是貶，亦無說焉。且聖人若欲貶吳，其書法將爲齊世子光、吳、鄫人乎？是執人之一字，以定褒貶，本不必然。況又一字歧義乎？

※※※　　※※※　　※※※

隱公四年：「衞人殺州吁于濮。」《傳》云：

「殺州吁稱人，衆詞也。……稱人，討賊之詞也。」

隱公四年：「衞人立晋。」《傳》云：

「人，衆辭。」

桓公十有五年：「邾人、牟人、葛人來朝。」《傳》云：

「《公羊》曰：皆何以稱人？夷狄之也。」

按：同書人，或以爲衆詞，或以爲夷狄之。文定皆以人之一字斷之，而未究其本事，故一字歧義。是以解釋雖精，而讀者惑焉。

(2)稱爵例

宣公四年：「冬，楚子伐鄭。」《傳》云：

「鄭公子歸生弒其君，諸侯未有聲罪致討者，而楚師至焉。故特書爵，與之也。」（宣公九年：「楚子伐鄭」傳）。

宣公九年：「楚子伐鄭。晉郤缺帥師救鄭。」《傳》云：

「按《公羊傳》例，君將不言帥師，書其重者也。至是書爵，見其陵暴中華，以重兵臨鄭矣。……非與之也。」

宣公十年：「楚子伐鄭。」《傳》云：

「九年，楚子伐鄭，稱爵者，貶詞也。若曰：國君自將，恃強壓弱，憑陵中夏之稱也。……此年楚子伐鄭，稱爵者，直詞也。若曰以實屬詞，書其重者，而意不以楚為罪也。」

按：楚於春秋初期，始見經曰荊，繼而曰楚人，再而曰楚子。文定本二傳，謂稱荊者，以州舉；浸强而稱人，進之而稱人。然楚之稱人，或褒或貶，未有定準。今之稱爵，又或謂與之，或謂直詞，或謂貶詞，則亦未有定準也。讀者能不惑乎？且以夷狄而陵暴中華，而曰與之，曰不以為罪，其安夏攘夷之道又安在也？

(3) 闕文例

隱公二年：「紀子伯莒子盟于密。」《傳》云：

「凡闕文，有斷以大義，削之，而非闕者。有本據舊史，因之而不能益者。亦有先儒傳受，承誤而不敢增者。如隱不書即位；桓不書王；賵成風，王不書天；吳楚之君卒，不書葬之類，皆斷以大義，削之，而非闕也。甲戌、己丑（桓五年），夏五（桓十四年），紀子伯莒子盟于密之類，或曰本據舊史，因之而不能益者。或曰先儒傳受，承誤而不敢增者。」

按：同為闕文，或謂斷之以大義而削之，或謂本據舊史而不能益，或謂傳受承誤而不敢增。學者何得而知之也。如桓公之亡秋冬二時，文定以為聖人削之。則信如胡氏說矣。然定公十四年經，有秋而無冬。是斷之以大義而削之，或本據舊史不敢益，或傳受承誤而不敢增？學者由何而定之乎？攷文定之例，若是者夥矣。

2、例窮則變

隱公元年：「秋，七月，天王使宰咺來歸惠公仲子之賵。」《傳》云：

「冢宰稱宰，宰咺者，名也。王朝公卿書官，大夫書字，上士、中士書名，下士書人。咺位六卿之長而名之，何也？仲子，惠公之妾爾，以天王之尊，下賵諸侯之妾，是加冠於屨，人道之大經拂矣。天王，紀法之宗也。六卿，紀法之守也。議紀法而修諸朝廷之上，則與聞其謀，須紀法而行諸邦國之間，則專掌其事，而承命以奉諸侯之妾，是壞法亂紀，自王朝始也。春秋重嫡妾之分，故特貶而書名，以見宰之非宰也。」

桓公四年：「夏，天王使宰渠伯糾來聘。」《傳》云：

「宰，冢宰也，渠，氏。伯，爵，糾，其名也。王朝公卿書爵，大夫書字，上士、中士書名，下士書人，例也。糾位六卿之長，降從中士之例而書名，貶也。於糾何貶乎？在周制大司馬九伐之法，諸侯而有賊殺其親則正之，放弒其君則殘之，桓公之行當此二者，舍曰不討，而又聘焉，失天職矣。操刑賞之柄以御下者，王也。論刑賞之法以詔王者，宰也。以經邦國則有治典，以安邦國則有教典，以平邦國則有政典，以詰邦國則有刑典，治教政刑而謂之典，明此天下之大常也。大宰所掌而獨謂之建，以此典大宰之所定也。乃為亂首，承命以聘弒君之賊乎？故特貶而書名，以見宰之非宰也。」

桓公八年：「天王使家父來聘。」《傳》云：

「下聘弒逆之人而不加貶，何也？既名冢宰於前，其餘無責焉，乃同則書重之義，以此見《春秋》任宰相之專而責之備也。」

按：隱公元年，宰咺聘諸侯之妾，因不得書官，乃名以貶之。桓四年伯糾以聘弒逆之君，亦不得書官，故貶而名之。桓八年之家父，亦聘弒逆之君，依前例，亦當名之以示貶。然今經文但書字而不名，是於例有所不合矣。於是文定有「同則書重」之例。蓋降名示貶本正例，而「同則書重」乃變例也。

※※※　※※※　※※※

隱公元年：「鄭伯克段于鄢。」《傳》云：

「用兵，大事也。必君臣合謀而後動，則當稱國。命公子呂為主帥，則當稱將。出車兩百乘，則當稱師。」

文公十有七年：「晉人、衛人、陳人、鄭人伐宋。」《傳》云：

「大夫帥師稱名氏，賤者窮諸人。」

成公六年：「楚公子嬰齊帥師伐鄭。」《傳》云：

「書卿帥師伐鄭，於文無貶詞。」

成公七年：「同盟于馬陵。」《傳》云：

「書大夫之名氏，書帥師、書伐而無貶詞者，所謂不待貶絕而罪自見者也。」

昭公十有五年：「晉荀吳帥師伐鮮虞。」《傳》云：

「夫稱其名氏，非褒之也，纔免於貶耳。」

按：由隱元年、成六年傳觀之，用兵之例，稱國、稱將、稱帥師爲正例，故成六年楚子嬰齊帥師伐鄭，《傳》以爲無貶。然成七年，楚公子嬰齊再帥師伐鄭，則楚之陵暴中華也甚，諸侯且爲之會于馬陵，以謀救鄭。於是，文定雖知書法未異，但不能無貶，遂有「不待貶絕而罪自見」之例。是例有不通，乃變爲他例以濟其窮。因是，左說、右說皆可通矣。至昭公十五年，荀吳伐鮮虞，《傳》以爲「纔免於貶耳」，則是例未變，而義已變矣。胡氏之《傳》，如此類者，不可勝數矣。

※※※　　※※※　　※※※

隱公七年：「齊侯使其弟年來聘。」《傳》云：

「兄弟、先公之子，不稱公子、貶也。」

莊公二十有七年：「公子友如陳葬原仲。」《傳》云：

「公子友如陳葬原仲，私行也。人臣之禮無私交，大夫非君命不越境，何以通季子之私行無貶乎？」

僖公三十年：「公子遂如京師，遂如晋。」《傳》云：

「魯侯既不朝京師，而使公子遂往，又以二事出，夷周室於列國，此大不恭之罪。履霜堅冰之漸，《春秋》之所誅，而不以聽者也。則何以無貶乎？有不待貶絕而罪惡見者，不貶絕以見罪惡。」

按：文定既以「兄弟、先公之子，不稱公子」爲「貶」。則稱公子者，皆可褒矣。故公子友如陳葬原仲，雖私行而無貶；然實不能無貶，因有深貶王臣，而諸侯大夫無譏之說。此固穿鑿之論也。若公子遂之如京師，遂如晉。求之書法，稱公子，似若無貶。然魯侯不朝而使遂，遂又以二事出，實不能無貶，因有不待貶絕而罪惡自見之例。由此，知文定例窮則變，奧妙無窮，然聖人未必若是；徒增學者之困惑耳。

※※※

隱公三年：「癸未，葬宋穆公。」《傳》云：

「卒而或葬，或不葬者何？有怠於禮而不葬者，有弱其君而不葬者，有討其賊而不葬者，有諱其辱而不葬者，有治其罪而不葬者，有避其號而不葬者。」

隱公十有一年：「公薨。」《傳》云：

「不書葬，示臣子於君父有討賊復讎之義。」

莊公十有二年：「宋萬出奔陳。」《傳》云：

「特書萬出奔陳，而閔公不葬，以著陳人與賊為黨之罪，而不能正天討。」

襄公三十年：「葬蔡景公。」《傳》云：

「春秋大法，君弒而賊不討，則不書葬。況世子之於君父乎？蔡景公何以獨書葬？遍刺天下之諸侯也。」

昭公十有九年：「葬許悼公。」《傳》云：

「何以書葬？穀梁子曰：不使止為弒父也。」

按：諸侯薨而不書葬，其例既有五，而所謂討其賊而不葬者，謂弒君之賊不討，則不書葬也。故魯隱、宋閔皆不書葬是也，蓋所以示臣子有爲君父復讎之義也。若夫蔡世子般之弒蔡景，許世子止之弒許悼，賊皆未討，而二君皆書葬，是與例有所不合矣。乃文定於蔡景則曰遍刺天下之諸侯。於許悼則曰不使止爲弒父。是例有不通則義變矣。故陸氏粲云：「所謂討其賊而不葬者，謂弒君之賊不討則不書葬耳。然非《春秋》之法也，是特後世說《春秋》者之所謂凡例者也。考之於經有不盡然者，則又曰是變例也」（《春秋胡氏傳辨疑》卷上）。然則，文定例窮則變，其法雖妙，其義實深，其非聖人之意可知也。

文定之解《春秋》，既一本諸例，故有例同而義歧，例窮則變之病。今既分述於上矣。然文定之執例以求《春秋》大義，又往往因例而多穿鑿，或因例而多臆說；或執例而不達時勢，或泥例而妄褒貶者，所在多有。今並見於尊聖而忘其僭逆，執理而不達時勢，摘瑕而傷鍥刻，稱美而踰情實，穿鑿與臆測諸節中。

三、尊聖而忘其僭逆

昔孟子以孔子之成《春秋》而亂臣賊子懼，比之禹抑洪水，周公兼夷狄、驅猛獸。並爲天下之一治。故云：「《春秋》，天子之事也。」（《滕文公篇》）。其後，《公羊》家有「春秋素王」之義。是以，董仲舒嘗敍孔子之言曰：「吾因行事加吾王心，假其位號，以正人倫；因其成敗，以明順逆」（《春秋繁露．俞序》第十七）。而〈對策〉亦云：「孔子作《春秋》，先正王而繫以萬事，見素王之文焉。」洎後漢，賈逵《春秋．序》云：「孔子覽史記，就是非之說，立素王之法。」鄭玄《六藝論》云：「孔子既西狩獲麟，自號素王，爲後世受命之君，制明王之法。」而盧欽《公羊序》亦云：「孔子因魯史記而修《春秋》，制素王之道。」（《春秋左傳注疏》卷一引）。是漢魏儒者皆有孔子爲素王之說也。

然漢人之經說，多援讖緯以入經，是非參雜，莫衷一是。故杜預以爲「說者以仲尼自衞反魯，修《春秋》，立素王，丘明爲素臣。」（《春秋序》），是不通之論也。蓋「子路欲使門人爲臣，孔子以爲欺天。」（同上）。而況敢竊神器之重哉！唐儒孔穎達之《疏通辯證》，尤爲明晰。其言云：「案《論語》稱孔子疾病，子路使門人爲臣。病間曰：『久矣哉！由之行詐也，無臣而爲有臣，吾誰欺？欺天乎！』其意言子路以孔子將死，使門人爲臣，欲令以臣禮葬君，冀其榮顯夫子。夫子瘳而責之。我實無君，何故而爲有臣，吾之於人也，於誰嘗欺。我尚不敢欺人，何故使我欺天乎！子路使門人爲臣，纔僭大夫禮耳，孔子尚以爲欺天，況神器之重，非人臣所議。而云仲尼爲素王，丘明爲素臣，又非通理之論也。聖人之生，與運隆替，運通則功濟當時，運閉則道存身後。雖復富有天下，無益於堯舜，賤爲匹庶，何損於仲尼。道之升降，自由聖與不聖，言之立否，乃關賢與不賢；非復假大位以宣風，藉虛名以範世。稱王稱臣，復何所取？若使無位無人，虛稱王號；不爵不祿，妄竊臣名。是則羨富貴而恥貧賤，長僭踰而開亂逆。聖人立教，直當爾也。臧文仲山節藻梲，謂之不知；管仲鏤簋朱紘，稱其器小；見季氏舞八佾，云孰不可忍。若仲尼之竊王號，則罪不容誅。而言素王素臣，是誣大賢而負聖人也。」（《春秋左傳注疏》卷第一）。明儒高拱亦云：「〈洪範〉有云：『惟辟作威，惟辟作福。』臣無有作威作福，臣之有作威作福，其害于於家，凶于而國。故賤不得以自專。雖有其德，苟無其位，不敢作禮樂焉。此孔門明訓也。乃自託南面之權，以行賞罰，是作威作福，躬蹈無君之罪。亂賊且自我始，而又何以懼天下之亂賊乎！」（《春秋正旨》）。考《春秋》乃正名分，辨嫌疑之書，故云「《春秋》成而亂臣賊子懼」（《孟子滕文公篇語》）。若孔子僭越大位，以褒貶當世，則亂臣賊子，將羣起傚尤，又何以能懼。故知孔氏「道之升降，自由聖與不聖，言之立否，乃關賢與不賢。」爲知聖賢之言也。而素王之說，必秦漢以來，儒者援讖緯入經之說，非孔子之意也。

胡文定之治《春秋》，既云：「義採《公羊》、《穀梁》之精者。」（《敍傳授》）。故就素王之說，推而衍之。謂「文王既沒，文不在茲乎？天之將喪斯文也，後死者不得與於斯文也，匡人其如予何？」是聖人以天自處也。又謂「知我者其惟《春秋》乎！罪我者其惟《春秋》乎！」乃孔子無其位，而託二百四十二年南面之權，以遏人欲，存天理也（《春秋傳序》）。故以天自處，與假天子權柄，乃《胡傳》全書之綱領也。茲就其因尊聖而陷聖人於僭逆者，略述之於後。如：

隱公元年：「春，王正月。」《傳》云：

「周人以建子為歲首，則冬十有一月是也。前乎周者，以丑為正。其書始即位，曰：惟元祀十有二月，則知月不易也。後乎周者，以亥為正。其書始建國，曰：元年冬十月，則知時不易也。建子非春亦明矣。乃以夏時冠周月何哉？聖人語顏回以為邦，則曰：行夏之時，作《春秋》以經世，則曰：春王正月。此見諸行事之驗也。」

按：伊川先生嘗云：「上古之時，自伏羲、堯、舜，歷夏、商，以至於周。或文或質，因襲損益，其變既極，其法既詳。於是，孔子參酌其宜，以為百王法度之中制，此其所以作《春秋》也。孫明復主以無王而作，亦非是。但顏淵問爲邦，聖人對之以行夏之時，乘殷之輅，服周之冕，樂則韶舞則是。大抵聖人以道不得用，故考古驗今，參取百王之中制，斷之以義也。」（《河南程氏遺書》第十八）。其《春秋傳》亦云：「周正月，非春也，假天時以立義爾。」（《程氏經說》卷五）。文定既私淑於伊川，又得睹《程傳》②，故本是說，而有夏時冠周月之義。故楊于庭云：「或問于余曰：夏時冠周月，此非獨胡氏之言，而程子之言也」（《春秋質疑》卷一）是矣。然是說也，朱夫子已非之矣③，而黃氏仲炎之說尤備，其言云：「孔子曰：『行夏之時。』蓋以商周之時，異於夏之時也。若三代不易時，則孔子不應獨取夏時也。歲有四時而春必冠焉。夏后氏以建寅爲歲首，則寅爲首春矣。周人以建子爲歲首，則子爲首春矣。孟子謂秋陽以暴，蓋周之秋，夏之夏也。七、八月之間旱，蓋周之七、八月，夏之五、六月也。《春秋》於成元年、襄二十八年，書春無冰，則知書春爲周時明矣。蓋周之孟春、仲春，即夏之仲冬、季冬也。宜寒而燠，故以無冰爲異而書也。若是夏時之春，東風解凍，豈可以冰爲異而繫於其下哉！」（《春秋通說》卷一）。又曰：「孔子雖因顏淵之問，有取於夏時，不應修《春秋》而遽有所改定也。胡安國氏謂《春秋》以夏時冠月，而朱熹氏非之當矣。孔子之於《春秋》，述舊禮者也。如惡諸侯之強而尊天子，疾大夫之偪而存諸侯，憤夷狄之橫而貴中國，此皆臣子所得爲者，孔子不敢辭焉。若夫更革當代之王制，如所謂夏時冠月；竊用天子之賞罰，如所謂予奪諸侯大夫之爵氏者，決非孔子意也。夫孔子修《春秋》，方將以律當世之僭，其可自爲僭乎！」（同上）。呂大圭氏亦云：「聖人以王制正諸侯之失，明其僭叛之罪。而先自改王制，易時月，何以正其罪哉！彼且將有辭焉」（《春秋或問》卷一）是矣。考《左氏傳》明云：「王周正月。」而儒者不信《左氏》，尚其臆說，致陷孔子爲僭亂之徒，亦過矣。

隱公八年：「蔡侯考父卒，辛亥，宿男卒。」《傳》云：

「諸侯薨，赴不以名，而仲尼革之，必以名書。變周制矣。《春秋》，魯史，聖人修之，而孟子謂之作，以此類也。」

按：孔子嘗云：「吾學周禮，今用之，吾從周」（《中庸》）。是夫子未嘗變周制也。故徐學謨云：「孔子而變周制，則《春秋》可以無作矣。」（《春秋億》卷一）。

右二例，以爲孔子改正朔，變周制，以立一王之新法者也。

※※※　　　※※※　　　※※※

桓公五年：「秋，蔡人、衞人、陳人從王伐鄭。」《傳》云：

「《春秋》書王必稱天者，所章則天命也。所用則天討也。王奪鄭政而怒其不朝，以諸侯伐焉，非天討也。故不稱天。或曰：鄭伯不朝，惡得為無罪。曰：桓公弒君而自立，宋督弒君而得政，天下大惡，人理所不容也。則遣使來聘而莫之討。鄭伯不朝，貶其爵可也。何為憤怒自將以攻之也。移此以加宋、魯，誰曰非天討乎？《春秋》，天子之事。述天理而時措之也。」

按：王氏經世云：「按鄭自王貳于虢，敢與天王交質子，又稱兵以犯王略，取其麥禾。使鄭有臣如此，能忍之乎？入朝不禮，王之待鄭亦已恕矣。土地、天子所與，非己所有，鄔劉蔿邘之田，天子視鄭爲內臣，又懿親也，故易之而不嫌。而鄭自是遂與周絕，積其不臣之罪，王討加焉。豈曰過哉！而鄭無一介之辭以自解謝，遂抗王旅，祝聃逆節，加於王身，天理滅矣，人道絕矣。此《春秋》之所以作也。或者乃謂王不稱天者，譏王失天討，非矣。」（姜寶《春秋事義全考》卷二引）。徐廷垣亦云：「或謂去天以示貶，是以匹夫而絀天子，敗倫傷化孰甚，豈聖人垂訓之義乎？」（《春秋管窺》卷二）是矣。

莊公元年：「王使榮叔來錫桓公命。」《傳》云：

「啖助曰：不能天子寵篡弒以瀆三綱也。《春秋》書王必稱天，所履者天位也，所行者天道也，所賞者天命也，所刑者天討也。今桓公弒君篡國，而王不能誅，反追命之，無天甚矣。」

按：黃仲炎云：「啖助謂王不稱天者，寵篡逆黷三綱，不能法天立道，故去天以貶之。信斯言也。則孔子修《春秋》，不但行法於諸侯大夫，而褫奪其爵氏；又將加討於天王，而褫奪其稱號也，不亦甚僭矣哉！況桓之立，四年，天王使宰渠伯糾來聘，五年，使仍叔之子來聘，八年，使家父來聘。此非寵篡逆以黷三綱，不能法天立道乎？而皆稱天王也。何獨於追錫桓公命而去天以示貶哉！若以去天示貶，則每歲正月所書之王不稱天者，豈皆貶哉！此可見其妄也。」（《春秋通說》卷三）。禮，臣子無貶君父之文，乃敢及天子乎？（陸粲《春秋胡氏傳辨疑》卷上）。且《春秋》之作，義在尊王。夫子躬居臣列，安有貶當代天子位號乎？（徐廷垣《春秋管窺》卷三）。

文公五年：「春，王，正月，王使榮叔歸含且賵。」《傳》云：

「不稱天王者，弗克若天也。《春秋》繫王於天，以定其名號者。所履則天位也，所治則天職也。所勑而惇之者，則天之所敘也；所自而庸之者，則天之所秩也；所賞所刑者，則天之所命而天之所討也。夫婦，人倫之本，王法所尤謹者。今成風以妾僭嫡，王不能正，又使大夫歸含賵焉，而成之為夫人，則王法廢，人倫亂矣。是謂弗克若天而悖其道，非小失耳。故特不稱天，以謹之也。」

文公五年：「王使召伯來會葬。」《傳》云：

「含賵而又葬，則其事益隆，亂人倫，廢王法甚矣。再不稱天者，聖人於此，尤謹其戒而不敢略也。」

按：《程傳》於歸含且賵下云：「失天理矣，不稱天，義已明。」（《程氏經說》卷五）。於會葬下云：「天子以妾母同嫡，亂天理，故不稱天，聖人於此尤謹其戒。」（同上）。是文定之說，固本之伊川也。然薨而王歸含賵，葬而王使公卿會，則以妾母爲夫人之非，豈特魯僖公哉！實周成其惡矣。直書而義自見，何待不書天而後爲貶乎（俞皐《春秋集傳釋義大成》卷六）。

右四例，以王不書天，爲貶天王者。然禮，臣無貶君之文，又何敢譏貶天子乎？故黃仲炎云：「蓋《春秋》稱王，稱天王，稱天子者，其義一爾。若夫書其事即見其罪，不以去天爲貶也」（《春秋通說》卷三）。而朱子亦云：「《春秋》有書天王者，有書王者，此皆難曉。或以王不稱天貶之，某以爲若書天王，其罪自見」（《五經語類》卷五十七）。故高拱以爲聖人立言，取諸大義，非若後世比對於一字之間者，或曰王，或曰天王，隨便而言，無異同者（《春秋正旨》），或然。若孫明復於王不書天者，以爲皆脫文（《春秋尊王發微》卷三及卷六）雖不知其必然，亦可以少穿鑿矣。

※※　　　　　※※※　　　　　※※※

隱公三年：「八月，庚辰，宋公和卒。」《傳》云：

「諸侯曰薨，大夫曰卒。五等邦君，何以書卒？夫子作《春秋》則有革而不因者，周室東遷，諸侯放恣，專享其國而上不請命。聖人奉天討以正王法，則有貶黜之刑矣。因其告喪，特書曰卒，不與其為諸侯也。」

按：季氏《私考》云：「書卒書，紀死者之常也。《春秋》中，惟天王書崩，魯君書薨，乃臣子尊稱其君之辭。其稱鄰國之君，與本國異矣。蓋古人以死爲終事，故卒者，通天下之恆稱也」（姜寶《春秋事義全考》卷一引）是矣。而文定所謂不與爲諸侯者，固天子之事，又豈匹夫所可得而爲也。

桓公二年：「滕子來朝。」傳云：

「桓公，弟弒兄，臣弒君，天下之大惡，凡民罔弗憝也。己不能討，又先鄰國而朝之，是反天理、肆人欲，與夷狄無異，而《春秋》之所深惡也。故降而稱子，以正其罪。四夷雖大皆曰子，其降而稱子，狄之也。」

按：蔣悌生云：「是說（文定說）固爲正大，愚嘗疑焉。夫簒弒之賊，魯桓也，得以安享祿位，傳諸後嗣，滕侯以鄰疆小國，以不應來朝之故，乃受貶爵之罰。是從賊之律，反受首惡。又不惟加於其身，遂使世世子孫，以其先君一動之失，不可復得其所受於先王舊封之爵，恐《春秋》權衡不應若是失其輕重。」（《五經蠡測》卷六）是矣。顧炎武亦云：「貶之者，人之可也。至於名，盡之矣。降其爵，非情也。古之天下猶今也。崔呈秀、魏廣微、天下之人無字之者。言及之則名之，名之者，惡之也。惡之則名之焉，盡之矣。若降其少師而爲太子少師，降其尚書爲侍郎、員外，雖童子亦知其不可矣」（《日知錄》卷四）。且「夫子雖聖，臣也，微也，烏得僭天子之權，以奪人之爵也」（徐學謨《春秋億》卷一）。若「彼侯也，我貶之爲伯、爲子；彼子男也，我進之爲伯、爲侯。以匹夫而擅自黜陟當代諸侯，將置周天子於何地耶？」（徐廷垣《春秋管窺》卷二）而孔子作《春秋》，尊天王之義又安在矣。

桓公七年：「穀伯綏來朝，鄧侯吾離來朝。」《傳》云：

> 「桓、天下之大惡也。執之者無禁，殺之者無罪。穀伯、鄧侯越國踰境而來朝，即大惡之黨也。故特貶而書名，與失地、滅同姓者比焉。」

桓公十有五年：「邾人、牟人、葛人來朝。」《傳》云：

「《公羊》曰：皆何以稱人？夷狄之也。其狄之何？天王崩，不奔喪，而相率朝弒君之賊也。」

按：楊于庭云：「僖二十九年經，兩書介葛盧來，豈亦以其朝弒逆之賊而名之乎？又況同一朝桓也，滕侯則貶而稱子，至併二百餘年之胤而不貰。穀伯、鄧侯斥而書名，比于失地，滅同姓者，然其視滕侯之罰則少輕矣。郳人、牟人、葛人，小國稱人，此常事也。《春秋》，聖人之刑書，信如胡氏說，何其酷罰于滕，繼罰于穀、鄧，而獨恕于郳、牟、葛乎？則聖人之刑亦頗矣」（《春秋質疑》卷二）。且滕、穀、鄧、郳、牟、葛之朝桓則有貶。而會于稷，盟于越之齊、鄭，豈可釋而弗問，而但責備蕞爾之國，避彊擊弱，尊大抑小，又豈聖人至公之心而《春秋》之義乎？（參閱陸粲《春秋胡氏傳辨疑》卷上）。

僖公二十有三年：「杞子卒。」《傳》云：

「按《左氏》，杞成公卒，書曰子，杞、夷也。杜預以謂杞實稱伯，而書曰子者，成公始行夷禮終其身，故仲尼於其卒，以文貶之，此說是也。」

右四例爲黜陟諸侯。然黜陟諸侯，本天子之事。故高拱云：「夫孔子安得降人之侯，又安得與人以子。」（《春秋正旨》）。又云：「孔子作《春秋》，只可明是非，以定褒貶，斷不得自行予奪，降人之侯，而又予之以子也」（同上）是矣。

桓公四年：「夏、天王使宰渠伯糾來聘。」《傳》云：

「宰糾書名而去秋、冬二時，以見天王之不能復用刑也。」（見桓公七年：「穀伯綏，鄧侯吾離來朝」傳）

桓公七年：「夏，穀伯綏、鄧侯吾離來朝。」《傳》云：

「四時具然後成歲，故雖無事必書首時，今此獨於秋冬闕焉何也？立天之道曰陰陽，陽居春夏以養育為事，所以生物也。王者繼天而為之子，則有賞。陰居秋冬以肅殺為事，所以成物也，王者繼天而為之子，則有刑。賞以勸善，非私與也。故五服五章，謂之天命。刑以懲惡，非私怒也，故五刑五用，謂之天討。古者，賞以春夏，刑以秋冬，象天道也。桓弟弒兄，臣弒君，而天討不加焉。是陽而無陰，歲功不能成矣。故特去秋冬二時，以志當世之失刑也。」

按：桓公四年與七年之闕秋冬二時，三傳皆闕而不論，至何休始有去二時之說④。至伊川先生則以爲桓公背逆天理，故不書秋冬者，言其無天理也⑤。文定蓋因邵公、伊川之說而衍之者。然是說也，朱熹已謂「太迂闊矣」⑥。萬斯大亦云：「夫不當賞而賞，與當刑而不刑，同失。天王不討當去秋冬，天王濫聘，亦宜並去春夏矣，有是理乎」（《學春秋隨筆》卷二）？且黨惡者，人之罪也，於天道奚累哉⑦！今文定以朝桓之惡，歸乎天道，亦已甚矣。

右二例，貶乎天道。

※※※　　※※※　　※※※

隱公元年：「秋，七月，天王使宰咺來歸惠公仲子之賵。」《傳》云：

「咺位六卿之長而名之何也？仲子、惠公之妾爾。以天王之尊，下賵諸侯之妾，是加冠於屨，人道之大經拂矣。天王、紀法之宗也；六卿、紀法之守也。議紀法而修諸朝廷之上，則與聞其謀，須紀法而行諸邦國之間，則專掌其事，而承命以賵諸侯之妾，是壞法亂紀自王朝始也。春秋重嫡妾之分，故特貶而書名，以見宰之非宰矣。」

按：咺爲名，諸家之說皆然。以宰爲冢宰，則三傳未有明文也。然「以天王之尊，下賵諸侯之妾母，則其事固不待貶絕而自見矣，何必名其使而後爲貶」（呂大圭《春秋或問》卷二）也。故徐廷垣云：「謂孔子作《春秋》，貶咺而名之，非也。聖人作經，方以禮垂訓天下後世，而擅削大君封爵名，吪天子大臣，僭犯非禮孰加焉，而謂聖人躬先蹈之，斷不然矣。」（《春秋管窺》卷一）。

桓公四年：「夏，天王使宰渠伯糾來聘。」《傳》云：

「宰，冢宰也，渠，氏。伯，爵。糾，其名也。王朝公卿書爵，大夫書字，上士、中士書名，下士書人，例也。糾位六卿之長，降從中士之例而書名，貶也。」

按：宰渠伯糾，三傳亦未有言冢宰者。而文定以爲居六卿之長，以聘弒逆之桓，故仲尼貶從中士書名之例。徐學謨嘗謂「糾，王使之也。非自聘也。即有貶焉，糾無罪也。仲尼亦何所恃而能貶王之卿爲中士也。」（《春秋億》卷一）是矣。

莊公六年：「春，王，正月，王人子突救衞。」《傳》云：

「王人，微者，子突，其字也。以下士之微，超從大夫之例而書字者，褒救衛也。」

按：文定之說，固本諸《公羊》⑧，然朱熹已非之矣。嘗云：「自是衞當救，當時是有箇子突，孔子因存他名字。今諸公解，卻道王人本不書字，緣其救衞，故書字。」（朱子《五經語類》卷五十七）。孔子亦一匹夫，既不得貶王之卿爲中士，自亦不得進下士爲大夫也明矣。

右三例爲進退大夫。

綜前所述，知文定遠祖公、穀，近承伊川，故有變周制，假天子權柄，進而以天自處之說，以褒貶當世之天王、諸侯與大夫。考孔子之告哀公，但曰：「文武之政，布在方策，其人存，則其政舉。」（《中庸》）。自言則曰：「吾學周禮，今用之，吾從周」（同上）。曰：「如有用我者，吾其爲東周乎？」（《論語·陽貨》）。曰夢見周公（《述而》）。是孔子之所欲見諸行事者，亦止是行周公之道，以興東周之治而已。故子思謂仲尼憲章文武。則其必不於文武之政之外，別立一代之制可知。且夫子嘗云：「非天子，不議禮，不制度，不考文」（《中庸》）。又曰：「雖有其位，苟無其德，不敢作禮樂焉；雖有其德，苟無其位，亦不敢作禮樂焉」（同上）。則夫子之不敢改正朔，議禮樂亦甚明矣。

又夫子於《春秋》之義，但曰竊取（《孟子·離婁》下篇），曰知我罪我惟在《春秋》（《滕文公》下篇），又何敢軒然自侈，以天自處乎？且《孟子》但云：《春秋》，天子之事而已，如何便說假天子之權柄也？夫子自云，但曰匡人其如予何（《論語．子罕篇》）？如何便說以天自處耶？然則，此蓋儒者欲討當世之諸侯、大夫，故創假天子之權柄之言；又進而欲貶當代之天子，故又設爲以天自處之說。蓋所謂「因述以寓作」（朱彝尊《春秋權衡．序語》）之體故也。然既以天自處，又貶及天道，不知文定諸儒又何以說之？故高拱譏之云：「欲尊聖人而不知所以尊，乃爲論至此」（《春秋正旨》）是矣。

四、執理而不達時勢

昔呂伯恭嘗論文定《春秋傳》云：「胡文定《春秋傳》，多拈出禮運天下爲公意思。蜡賓之歎，自昔前輩共疑之，以爲非孔子語。蓋不獨親其親，子其子，所以堯、舜、禹、湯爲小康，眞老聃、墨翟之論。胡氏乃屢言《春秋》有意於天下爲公之世，此乃綱領本原，不容有差。」（《宋元學案》卷三十四引）。而近儒錢賓四亦云：「其實安國《春秋傳》，遠本孫復尊王攘夷，旨在提倡大復仇之旨，而終以天下爲公爲歸宿。」（《宋明理學概述》二十一）。然《胡傳》之以復仇爲旨，天下爲公爲歸。雖云：「極富開闊的遠見。」（錢穆語）。亦因是而執天下爲公與成康盛世之理，遂不達於春秋之時勢，故不免泥難不通而近于迂，終無濟於時艱，至爲可惜也。今爲之詳述於後。

隱公四年：「衞人立晋。」《傳》云：

> 「晋，雖諸侯之子，內不承國於先君，上不稟命於天子，衆謂宜立而遂自立焉，可乎？故《春秋》於衛人特書曰立，所以著擅置其君之罪；於晋絕其公子，所以明專有其國之非。」

按：州吁弒立踰年，天討不加，石碏大義滅親，殺諸濮而立晋，天下共多其能。討叛而反正，故書曰衞人立晋。惟《公》、《穀》發不宜立之詞⑨，謂「賢而不正」。伊川繼之，乃有「當時雖不受命於天子，猶受命于先君」⑩之說。文定旣因之，遂發「不承國于先君，不稟命于天子」之例。而遂罪衞人擅置其君，罪晋專有其國。「不知先君弒矣，何所承命？四國黨州吁，天子置而不問，稟命而立，安知不更有方命，如後之放黔牟者乎？以是知成人之美，不易得于君子也。東山趙汸曰：「以不稱公子爲惡，王子朝豈宜立者乎？」（俞汝言《春秋四傳糾正》）。

桓公十有五年：「許叔入于許。」《傳》云：

「許，大岳之裔，先王建國，迫於齊、鄭，不得奉其社稷，未聞可滅之罪也。則當伸大義以直詞上告諸天王，下赴諸方伯，求復其國，糞除宗廟，孰能與之爭？今乃因亂竊入，則非復國之義。」

按：許叔因鄭忽、突之亂而入許，居二十年，即得因齊桓之伯，同諸侯為幽之盟，許之社稷，亡而復存，蓋許叔之能也。方其居許東偏以伺鄭，其心當不能一日忘其先世。觀時待變，相機乘勢，不藉外援，克復舊土，不可謂非許叔之謀勇也。使其昏愚庸惰，無有為之志，而又失可為之時，太岳之裔，其不祀矣。而猶罪其因亂竊入，非復國之義，何哉？（張自超《春秋宗朱辨義》卷二）。故楊于庭譏之云：「胡氏謂宜上告天子，下告方伯而後入，此與揖讓而救火，何異焉」（《春秋質疑》卷二）是矣。

僖公二十有八年：「曹伯襄復歸于曹。」《傳》云：

「曹伯襄何以名？其歸之道，非所以歸也。晉侯有疾，使其豎侯獳貨筮史，以曹為解，晉侯恐，於是，反曹伯。」

按：《左氏》，晉文之人，以觀騈脅之怨，而執曹伯畀宋人，至不仁矣。至是晉侯有疾，其豎貨筮史，以曹爲解，以禮、義、信爲導。晉侯說，乃復曹伯，則曹伯之得復亦幸矣。胡氏乃拘稱名爲貶之例，而責其貨筮史，謂非所以歸之道，亦迂也。故毛奇齡云：「胡氏謂伯賂筮史，故貶稱名。夫文王囚羑里，亦以賂免。乃不貶受辛，而貶文王，可乎？」（《春秋傳》卷十七）是矣。

昭公二十有二年：「劉子、單子以王猛居于皇。」《傳》云：

「劉蚠、單旗，臣也。曷為能以王猛乎？猛無寵於景王，不能自定其位，制在劉、單，其曰以，能廢立之也。」

昭公二十有二年：「秋，劉子，單子以王猛入于王城。」《傳》云：

「再書劉子、單子之以王，何也？《春秋》詞繁而不殺者，必有美惡焉。劉子、單子，蓋挾天子以令諸侯，而專國柄者也。」

按：《左氏》，景王崩，王子猛雖正而無寵，子朝雖有寵而不正，故適寵爭立。幸劉子、單子之以王猛居于皇，又入于王城，以定其位，不然，子朝幾奪嫡矣。而文定罪其挾天子以令諸侯，以爲上下舛逆，爲後世戒，誠可怪也。故楊于庭云：「當是時，尹氏、召伯、毛伯立王子朝，既爲不正而宜罪，至于立君之正，則又非之，大臣宜如何而可？而《春秋》許首止之盟，何居？」（《春秋質疑》卷十）。萬氏斯大亦云：「槩以書以而苛之，將使二子觀望不前，而王終于不立而後可，豈《春秋》之意哉！」（《學春秋隨筆》卷十）是矣。

右爲繼亂復國，而不達時勢之例。

※※※　　※※※　　※※※

定公五年：「季孫意如卒。」《傳》云：

「定雖受國於季氏，苟有叔孫舍之見，不黨私勞，致辟意如，以明君臣之義，則三綱可正，公室強矣。」

按：楊氏于庭云：「是何言之易乎！從古以來，不幸而立于權臣之手，則必須從容濡忍，以觀其變。若力不足而亟欲除之，則未有不反受其螫者也。魏主髦不勝其忿，而欲討司馬昭，反爲所弑是矣。」（《春秋質疑》卷十一）。楊氏之言是矣，文定蓋泥於「內大夫有罪見討則不書卒」

之例，今意如有罪而書卒，乃定公不討逐君之賊，反以爲大夫，全始終之禮。故發爲此不達時勢之論也。

右爲知制抑權臣，而不達時勢之例。

※※※　　※※※　　※※※

僖公三十有一年：「春，取濟西田。」《傳》云：

「吾故田也。復吾故田，而謂之取，何也？《春秋》之法，不以亂易亂。」

成公二年：「取汶陽田」《傳》云：

「汶陽之田，本魯田也。取者，得非其有之稱。不曰復，而謂之取，何也？恃大國兵力，一戰勝齊，得其故壤，而不請於天王，以正疆理，則取之不以其道，與得非其有奚異乎？」

按：春秋之時，王室而既卑矣。是以，衆暴寡，强陵弱，大併小，天王不能正，方伯不爲討。諸侯之土疆，有失而復得者，亦幸矣。而文定乃責以「不請天王以正彊理。」而謂以亂易亂，不亦過乎？故俞汝言云：「請天王以正彊理，亦儒者尊王之恆詞，而未暇審當時之勢，所謂近于迂闊者也」（《春秋四傳糾正》）是矣。

※※※　※※※　※※※

右爲知欲復故土疆，而不達時勢之例。

莊公十有三年：「齊侯、宋人、陳人、蔡人、邾人會于北杏。」《傳》云：

「桓非受命之伯，自相推戴以為盟主，是無君矣。故四國稱人，以誅始亂，正王法也。」

按：齊桓自莊公九年得國，至是五年矣。嘗與宋人伐魯，滅譚。北杏之會後，又滅遂。至冬，公遂會齊侯而盟于柯。蓋齊至是漸强，而以力致諸國與會。所謂衣裳之會十有一，而自北杏始也。故毛奇齡云：「試問此會，是諸侯爲政，而迎桓以主其事乎？抑桓召諸國乎？桓不出齊疆，坐徵諸國，諸國方奔命之不暇，未知所向，乃桓獨受褒，而諸國無端各予以罪」（《春秋傳》卷十）是矣。文定未審主從之勢，而執稱人爲貶之例，故有是過也。

定公四年：「五月，公及諸侯盟于皐鼬。」《傳》云：

「定公之立，上不請於天王，下不告於方伯，而受國於季孫意如，故三年朝晉，至河而復，今會諸侯，求為此盟。書公及者，內為志也。」

按：晉侯率十八國諸侯，臨以王臣，以侵楚。陳、蔡、鄭、許、胡、頓諸小國，安得不請盟以托于晉；晉既侵楚召釁，又安得不盟諸侯，以堅其內附之志。而猶煩定公求盟而始盟哉！（張自超《春秋宗朱辨義》卷十一）。且定公既受制於季孫，而能盟諸侯乎？（毛奇齡《春秋傳》卷三十三）。由是觀之，文定但以書及之例，以爲內爲志而云之，未審時勢也。

右爲伯主會盟，而文定但知尊王，故不達時勢之例。

※※※　　※※※　　※※※

僖公三十有二年：「秋，衞人及狄盟。」《傳》云：

「再書衛人而稱及者，所以罪衛也。盟會，中國諸侯之禮，衰世之事，已非《春秋》之所貴。況與戎狄豺狼，即其廬帳，刑牲歃血以要之哉！」

按：三十一年，狄圍衞，十有二月，衞遷于帝丘，此年夏，經書「衞人侵狄。」《左氏》云：「狄有亂，衞人侵狄，狄請平焉。秋，衞人及狄盟。」是以，徐廷垣云：「衞爲狄所逼，不得已遷都，爲狄困深矣。今因狄亂而侵之，外以乘狄之窘，內以壯我民之氣，機固不可失也。然狄之强，衞豈能遂勝之，因其請平而與之盟，亦足以服狄而固我圉矣。不知止，必欲以新造之弱旅，博久畏之强敵。設有潰敗，悔何可追。胡氏以盟狄罪衞，此亦不審乎時勢之論也」（《春秋管窺》卷五）是矣。故徐學謨亦以「罪衞不當與夷盟」爲過⑪。

成公九年：「城中城。」《傳》云：

「經世安民，視道之得失，不倚城郭溝池以為固也。穀梁子謂：凡城之誌皆譏，其說是矣。莒雖恃陋不設備，至使楚人入鄆。苟有令政，使民效死而不潰，寇亦豈能入也。」

按：以道治民者，所謂政也，城郭溝池者，所謂事也。莒既無令政，又不設備，故浹辰之間，楚克其三都，固不足爲訓也。然雖有令政，而乏守備之事，一旦暴客遽至，但責臣民效死而勿去，夫豈仁者之政也。故徐學謨云：「胡氏曰：城非《春秋》所貴，而責人效死勿去之義，迂詞也」（《春秋億》卷五）是矣。

右爲圖存之例，而文定但知成、康之盛，因不達時勢也。

※※※　※※※　※※※

莊公三年：「冬，公次于滑。」《傳》云：

「《春秋》紀兵，伐而書次，以次為善。救而書次，以次為譏。次于滑，譏之也。魯、紀有婚姻之好，當恤其患；於齊有父之讎，不共戴天。苟能救紀抑齊，一舉而兩善並矣。見義不為而有畏也，《春秋》之所惡。故書公次于滑，以譏之也。」

按：齊強魯弱，桓公之見弒於齊，猶委罪於彭生而不敢報。雖魯莊柔懦而不以爲讎，亦勢之不可爲也。而文定謂「苟能救紀抑齊，一舉兩善並矣。」何易之有。故徐學謨譏之曰：「不量力之說也。」（《春秋億》卷二）。

僖公十有一年：「楚人伐黃。」《傳》云：

「滅弦、滅溫，皆不書伐，滅黃而書伐者，罪桓公既與會盟，而又不能救也。」

按：齊桓得國，經營二十餘年，而得於召陵一問楚罪。則知楚勢之强，而服楚之不易也。故召陵之後，楚滅弦、滅溫，其勢之熾可知矣。故黃震云：「齊處北海，楚在南海。齊積二十年間之力，僅能盟楚於召陵，弦近楚，滅之旦夕耳。豈齊救之所能及，而楚豈易伐哉！書生以口代兵，言之易易耳。使爲齊桓及處此，未必不重禍民生，一敗塗地也」（《黃氏日鈔》卷九）。然江、黃亦漢東諸姬，所謂楚爲利之國也。齊桓蓋亦力之所不及故爾。

右例但知救患分災之禮，而不達時勢者也。

※※※　　　　※※※　　　　※※※

莊公十年：「公敗齊師于長勺。」《傳》云：

「善為國者不師，善師者不陣，善陣者不戰。故行使則有文告之詞，而疆埸則有守禦之備。至於善陣，德已衰矣。而況兵刃既接，又以詐謀取勝乎！故書魯為主，以責之。皆已亂之道，寡怨之方，王者之事也。」

莊公十年：「齊師、宋師次于郎。公敗宋師于乘丘。」《傳》云：

「魯人若能不用詐謀，奉其詞令，二國去矣。」

按：黃澤云：「桓公死於齊，莊公不能復讎。及讎人貫盈而死於弑，國內無主，而僖公之子糾逃難于魯。魯納之，又不能集事。乾時之敗，狼狽而歸。鮑叔帥師來脅殺子糾，譎取管仲。當是時，魯幾於不能國矣。公若不敗齊師於長勺，敗宋師於乘丘，又敗宋師于鄑則亦何以立國。君子於此，當恕人之情，抑彊扶弱，豈得更責魯。故知立論不可失之太過」（趙冬《春秋師說》卷中）是矣。且「長勺之戰，乘其氣端而克之，用謀耳，未嘗用詐也。」（朱朝瑛《讀春秋略記》卷三）。文定蓋泥於「詐戰曰敗」之例，未暇審時勢也。僖公元年：「公子友帥師敗莒師于酈。獲莒挐。」《傳》云：

「抑鋒止銳，喻以詞命，使知不縮而引去，則善矣。今至於兵刃既接，又用詐謀擒其主將，此強國之事，非王者之師。」

按：《公羊》，慶父走莒，莒人逐之。將由乎齊，齊人不納。反舍于汶水之上，使奚斯入請，不可而死。莒人曰：吾已得子之賊，以求賂乎魯，魯人弗與，爲是興師而來伐。然則，莒人乘約肆淫，貪憤興師，而可賓賓然以筆舌責之乎？若非季友一戰而勝之，擒其主將，則魯將難以立國矣。故徐學謨以文定之義爲迂詞⑫。而姜寶以爲雖殺莒君之弟，不爲太甚⑬，可謂明時勢之言也。

僖公四年：「公會齊侯、宋公、陳侯、衞侯、鄭伯、許男、曹伯侵蔡，蔡潰。遂伐楚，次于陘。」《傳》云：

「楚雖暴橫，憑陵上國，齊不請命，擅合諸侯，豈所謂為天吏以伐之乎？」

按：徐學謨云：「桓公有志于伐楚，定謀非一日矣。而以侵蔡召諸侯，書侵蔡，遂伐楚，志不在蔡也。觀其仗義執言，楚人服罪，王綱之克振，桓公師出有名也。春秋據事直書以予之。且齊桓當日亦未必不請命于王而伐楚，《春秋》非周史也，胡氏何以知其不請命于王也。」（《春秋億》卷三）。是矣。考楚人暴橫，而惠王庸弱，即使之行令，勢亦必有所不能。然文定之所以不達時勢者，蓋泥於尊王故也。

僖公二十有一年：「楚人使宜申來獻捷。」《傳》云：

「諸侯從楚伐宋，而魯獨不與，故楚來獻捷，以脅魯。為魯計者，拒其使而不受，可也。請於天王而討之，可也。」

按：楚成王憑陵中華，召陵受盟之後，滅弦、滅溫、滅黃，伐徐、伐隨。遂至會于盂而執宋公。則楚豈易拒者也。故顧奎光云：「夫楚之詐而無信，豈能自服於義。若其強盛，則雖齊、晉之大，桓、文之賢，用全力而僅勝之。魯顧能聲罪致討乎？事固有正理，如是參以情勢，而有所不能遂，當有以曲全之。胡氏可謂闇於勢者也。」（《春秋隨筆》卷上）。是矣。

僖公二十有八年：「晉侯、齊師、宋師、秦師及楚人戰于城濮。楚師敗績。」《傳》云：

「楚雖請戰，而及在晉侯，誅其意也。」

按：顧奎光云：「楚自齊之盟，參預夏盟，遂憑陵上國。宋襄執于盂，敗於泓，其受挫辱已甚。諸侯靡然，俯首帖服。晉文一出，侵曹伐衞，獨與楚抗，而雪宋恥。雖用詭譎，亦是兵不厭詐。當時，楚勢極盛，非一戰勝之，則楚不戢；楚不戢，諸侯不服。若仗義執言，帥兵臨境以伐之，又無以保其必勝。故以曹、衞為囮，誘而致之，謹乃得志，勢亦不得已。譬云除虎狼者，入山而搏之，與設阱而取之。但當以入山而搏爲正，然不必以設阱而取爲罪也。而胡氏於侵曹、伐衞，則斥其報怨。城濮之戰，則斥其詭譎，斯亦固矣」（《春秋隨筆》卷上）是矣。不知楚勢之橫熾，豈禮義所能柔服者。不然，豈被髮左衽而後可乎？

文公二年：「晋侯及秦師戰于彭衙。秦師敗績。」《傳》云：

「敵加於己而己有罪焉，引咎責躬，服其罪則可矣。己則無罪，而不義見加，諭之以詞命，猶不得免焉，亦告於天子方伯可也。若遽然興師而與戰，是謂以桀攻桀，何愈乎？故以晋侯為主者，處己息爭之道，寡怨之方，王者之事也。」

按：《左氏》，秦孟明帥師伐晋，報殽之役。然則，秦人積憤而來，豈賓賓然口舌諭之而可去也。故袁仁云：「愚謂敵人以不義來侵，諭之辭命，可也；告于天子方伯，可也。如謂不當興師則迂矣。寇兵壓境，宗廟安危之所繫，不興師，則坐而待之耳。」（《春秋胡傳考誤》）。若文定之說，及敵人破先王之宗廟，其於王者之事，又將奈何？

文公十有二年：「晋人、秦人戰于河曲。」《傳》云：

「前年秦師來伐晉，不言戰者，晉已服矣。今又為此役，則秦曲甚矣。故不以晉為主。惟動大眾從秦師，不奉詞令以止之也，故貶而稱人。」

按：秦伯親將，大軍壓境而來，雖欲不動大衆以從秦師，得乎哉！且又豈詞令所能止，文定之迂也甚矣。

宣公十有五年：「宋人及楚人平。」《傳》云：

「此華元、子反，二國之卿，其稱人何？貶也。……何以貶也？善則稱君，過者稱己，則民作忠。今二卿自以情實私相告語，取必於上，以成平國之功，而其君不預知焉，非人臣之義也。」

按：宣公十四年，秋九月，楚子圍宋，至今年五月而平。宋之危至易子而食，析骸而爨矣。故宋之不亡幸耳。是以楊于庭云：「楚之淩暴，貶之可也。宋方救亡之不暇，不矜之，而反貶之乎？或曰惡詐也，登子反之牀而劫制之，君子所不與也。然則，孔子微服而過宋、非歟？又曰惡專也，私以其情告于子反，而君不預知，非人臣之義也。泥乎！泥乎！失火之家，豈暇先言大人而後救火乎？」（《春秋質疑》卷七）。

右爲戰伐圖存之事，而文定不達時勢，是以固著而不通。

綜前所述，知文定之解《春秋》，多執先聖論道之理，以繩《春秋》時事，故每泥於理而屈於勢也。故顧奎光云：「釋《春秋》者，多知理而不知勢，王室僅擁空名，而責以能征討有罪；小國危亡，無所控訴，而責以不能上告天子，下告方伯，皆是隔靴搔癢。」（《春秋隨筆》卷上）。旨哉！斯言也。

本章附註

①劉知幾《史通．六家篇》：「蓋傳者，轉也，轉受經旨以授後人。或曰：傳者，傳也。所以傳示來世。」

②胡寅《斐然集》卷二十五《先公行狀》：「歲在丙申，初得伊川先生所作傳，其間大義十餘條，若合符節。」

③俞皐《春秋集傳釋義大成》卷一：「朱子曰：據《周禮》，有正歲、正月，則周實是元改作春正月，夫子所謂行夏之時，只是爲他不順，欲改從建寅。又答吳晦叔書曰：《春秋》是魯史，合用時王之用。」

④《公羊解詁》卷五：「去二時者，桓公以火攻人君，故貶，明大惡。」

⑤河南《程氏遺書》第二十二：「聖人作經，備四時也。如桓不道，背逆天理，故不書秋冬，春秋只有兩處如此，皆言其無天理也。」葉三二五。又《經說程氏》卷五：「臣而弑君，天理滅矣。宜天下所不容也。而反天

子聘之，諸侯相繼而朝之，逆亂天道，歲功不能成矣，故不書秋冬。」葉二八。

⑥朱子《五經語類》卷五十九：「桓公兩年不書秋冬，說者謂以喻時王不能賞罰。若如是，孔子亦可謂太迂闊矣。」葉七。

⑦王介之《春秋四傳質》卷上：「是歲也，與狩郎之歲，皆闕秋冬，闕文耳。故三傳皆闕而不論。胡氏獨謂以遠人朝桓，黨賊逸討，與天王之聘桓爲大亂而削之。黨惡者，人之罪也，於天道奚累哉！」葉二十八。

⑧莊公六年《公羊傳》：「王人子突救衞。王人者何？微者也。子突者何？貴也。」

⑨隱公四年《公羊傳》：「立者何？立者，不宜立也。」《穀梁傳》：「立者，不宜立者也。」

⑩《程氏經說》卷五：「諸侯之立，必受命於天子，當時雖不受命於天子，猶受命於先君。衞人以晋、公子也，可以立，故立之，《春秋》所不與也。雖先君子孫，不由天子，先君之命，不可立也。」葉十二。

⑪《春秋億》卷三：「衞弱而狄强，不盟且亡。而胡氏罪衞不當與夷盟，過也。」葉二十三。

⑫《春秋億》卷三：「胡氏以爲不宜與之戰，而欲以詞命喻卻之，迂詞也。」葉二。

⑬《春秋事義全考》卷五：「按：莒納慶父，魯君臣已愧憤不平矣，又以求賂而興師，友帥師敗之，以雪先君之恥，即殺莒君之弟挐，不爲太甚。」葉四。

第六章《春秋胡氏傳》之批評（下）

五、摘瑕而傷鍥刻

昔常秩評孫明復《春秋尊王發微》之言云：「明復為《春秋》，猶商鞅之法，棄灰於道者有刑，步過六尺者有誅。」（晁公武《郡齋讀書志》）。蓋明復之治《春秋》，以《穀梁》「恆事不志」①之例為義，推衍有貶無褒之說故也。而時儒喜之，相與推沿，於是，深文鍛鍊，成一時之風尚。遂使孔庭筆削，變而為羅織之經矣。日人本田成之嘗云：「以商鞅之法比之，雖是極端，然這是宋儒一般通弊，抉摘人之不善，往往有過於深刻者」（《中國經學史》第六章）是矣。文定既師事吳縣朱長文，直承孫明復之學，故亦以有貶無褒立義，且抉摘時人時事之瑕，每有傷乎鍥刻者。茲述之於後。

隱公元年：「夏，五月，鄭伯克段于鄢。」《傳》云：

「姜氏當武公存之時，常欲立段矣。及公既沒，姜以國君嫡母主乎內，段以寵弟多才居乎外，國人又悅而歸之，恐其終將軋己為後患也。故授之大邑而不為之所，縱使失道，以至於亂。然後以叛逆討之，則國人不敢從，姜氏不敢主，而大叔屬籍當絕，不可復居父母之邦，此鄭伯之志也。」

按：文定之說，要本之《左氏》而深文之也。此毛氏奇齡嘗爲之辨云：「既與之京，即欲早爲之所，勢必奪京，而與以他邑，段肯受乎！如欲早除，則亂未形，而我驟除之。養惡向有罪，不待養而遽以惡除，罪當何等。如云利其斃，則誤以莊公自言有『將自斃，厚將崩』語故云。不知此第言其理耳。若果利之，則既發之後，尚不令斃，而謂欲斃之未發之前，非通論也。且凡爲此說者，非謂《春秋》貶惡如是也。段固不赦，伯亦可議，此不過如逢蒙殺羿，羿亦有罪之語，偶爲旁及，而胡氏竟縱釋叔段，專治公罪。……本欲誅叛逆，討不臣不弟，而開卷定律，便使君父與叛逆，彼此交責，已非正義。又況縱亂賊而專誅君父。彼稱亂者已洋洋掉尾，而愚君愚父，反俯首而就戮沒，天理何存，國法何在？」（《春秋傳》卷一）。萬氏斯大亦云：「先儒謂莊故予之，以養成其惡。然則予之之日，莊預計曰：吾予以京，彼必作亂；彼作亂，吾必克之。藉令段作亂，而公不聞；或伐之而京不叛，反助段以取勝，則鄭將爲段有。」（《學春秋隨筆》卷一）。考《左氏》但記其事，而文定乃因其事以探《公羊》誅意之義，故流於苛酷也。毛、萬之說足以澄清舞文者之病矣。

隱公四年：「夏，公及宋公遇于清。」《傳》云：

「《春秋》書遇，私為之約，自比於不期而遇者，直欲簡其禮耳。簡略慢易，無國君之禮，則莫適主矣。」

按：《曲禮》云：「諸侯未及期而相見曰遇。」故杜預云：「遇者，草次之期，二國各簡其禮，若道路相逢遇也。」文定本之，云：「遇者，草次之期。古有遇禮，不期而會，以明造次亦有恭肅之心」甚是。考《左氏》，魯、宋爲會，將尋宿之盟，未及期，衞人來告亂，故遇于清。則二國改盟爲遇可知矣。特文定又以爲書遇者，惡其簡略慢易，無人君相見之禮。則不知文定何所據而知其簡略慢易也。蓋內心先存一必貶之念，而後推求所以貶之之故，是以深文而苛酷也。

隱公七年：「齊侯使其弟年來聘。」《傳》云：

「僖公私其同母，寵愛異於他弟，施及其子，猶與適等。而襄公絀之，遂成簒弒之禍。故聖人於年來聘，特變文書弟，以示貶焉。」

按：《曲禮》云：「諸侯使大夫問于諸侯曰聘。」《周禮．大行人》亦云：「諸侯之邦交，歲相問，殷相聘。」此諸侯相與之禮，無往不來，有施必報，不以國之大小强弱論也。春秋時，衆暴彊陵，大國有聘無朝，小國有朝無聘。而其往來皆緣一時之私情，無報施之道，此其所失也。今夷仲年之來聘，固行諸侯相聘問之禮也，而文定以其書弟，不書公子，乃以爲貶僖公之寵弟，以植無知之禍，則失之太苛矣。毛奇齡嘗云：「惡夷仲年之子後成篡弒，遂責僖公寵夷仲之故，而削其氏號。夫以兄寵弟而削弟氏，子篡弒而削父氏，連坐之法，春秋無有。況無知之弒，在莊公八年，此時篡弒未形，而豫戮其父于三十八年之前，不已急乎！」（《春秋傳》卷五）是矣。

桓公三年：「有年。」《傳》云：

「然十二公多歷年所，有務農重穀閔雨而書雨者，豈無豐年，而不見於經，是仲尼於他公皆削之矣。獨桓有年，宣大有年，則存而弗削者，緣此二公，獲罪於天，宜得水旱、凶災之譴。今乃有年，是反常也。故以為異，特存耳。」

宣公十有六年：「冬，大有年。」《傳》云：

「程氏曰：大有年，記異也。旱乾、水溢、饑饉荐臻者，災也。山崩、地震、彗孛、飛流者，異也。景星、甘露、醴泉、芝草、百穀順成者祥也。大有年，上瑞矣，何以為記異乎？凡災異慶祥，皆人為所感而天以其類應之者也。人事順於下，則天氣和於上。宣公弒立，逆理亂倫，水旱、螽蝝、饑饉之變，相繼而作，史不絕書，宜也。獨於是冬，乃大有年，所以為異乎？」

按：桓三年書有年，賈逵云：「桓惡而有年豐，異之也。言有，非其所宜有。」（《春秋左傳注疏》引）。是說也，唐儒孔穎達嘗駁之云：「君行既惡，澤不下流，遇有豐年，則以爲異。是則無道之世，唯宜有大饑，不宜有豐年，非上天佑民之本意也。」其說甚是。特伊川，又本賈說而推衍之，文定又依程說而斷之。以爲桓、宣弒逆亂理，宜水旱、螽蠡，饑饉之變，而不宜有豐年。是何不仁之甚也。年之豐凶，民命繫焉。其君是惡，其民何罪。因一人之弒逆，而欲盡一國之民，轉溝壑爲快也（參閱徐學謨《春秋億》卷一及萬斯大《學春秋隨筆》卷七）。

莊公十有二年：「秋，八月，甲午，宋萬弒其君捷及其大夫仇牧。」《傳》云：

「太宰督亦死於閔公之難，削而不書者，身有罪也。惠伯死於子惡之難，亦削而不書者，非君命也。召忽死於子糾之難，孔子比於匹夫匹婦之諒，自經於溝瀆而莫之知者，所事不正也。」

按：華督於桓二年，固嘗弒殤公。然既立以為太宰，今能死君難，是亦能死節者。其不書，杜預以為宋不以告，或然。文定以為聖人削之，以其身有罪也。似非聖人善改過之意。故毛奇齡云：「夫覆愆補過，先聖所許，唐堯、衞武，雜稱晚蓋。向使弒君之賊，果能遷善，則方汲引之不暇。明明死君，而反從削之，則凡自新者，廢然返矣。」（《春秋傳》卷十）是也。又惠伯死子惡之難，聖人不書，杜預以為史畏襄仲而不敢書，夫子固不得而筆，是亦達時勢之言也。若謂非君命，故夫子削之。然則，君已死，何有命。若曰非君命，故不得書，又何以訓後世之忠臣也。故全祖望云：「惠伯能為中流之一壺，後人仍從而貶之，則天地且將崩裂矣。當付托之重，亦有不死以成事者，季友是也。是必諒其時勢與才力，足以集之而後可也。不然，不如死之愈也。」（《經史答問》卷四）。又云：「且夫惠伯之死，其帑奔蔡，已而復之，豈非宣公亦憐其忠，襄仲亦自慚其逆，行父之徒，終有愧於公論而卒全其祀乎？然當時之亂賊且許之，而後世人妄詆之，吾之所不解也。」復云：「然聖人不書何也？曰：其文則史，是固舊所不書也，聖人無從而增之。而況既諱國惡，不書子赤（按：應作子惡）之弒，則惠伯無從而附見」（同上）是矣。若夫召忽之死子糾，亦各忠其主也。文定以小白為長，子糾為幼，故以子糾為不當立，是謂不正。然考諸史世家②，《荀子》③、《莊子》④、《古越絶書》⑤、《管子》⑥諸典籍，知桓公實弟，子糾兄也。奈何以成敗論是非，而苛責也。張自超云：「諸儒每於死節不書者，往往追咎其人之不足書。夫有死君之大節，顧不足以蓋其夙愆，而猶煩議其後哉！」（《春秋》宗朱辨義》卷三）是也。

閔公元年：「冬，齊仲孫來。」《傳》云：

「仲孫、齊大夫也。其不稱使，而曰來者，略其君臣之常詞。以見桓公使臣不以禮，仲孫事君不以忠也。」

按：《左氏》載慶父之亂，齊仲孫湫來省魯難。桓公有「魯可取乎」之語，湫有「難不已，將自斃」之對。故文定有「交譏之也」之說。然桓公固霸者也，其有志於魯者或然。而仲孫以「魯秉周禮，未可動也」導其君，魯由是得以安，故《左氏》曰嘉之也。是桓公亦能改過遷善，而仲孫亦善誘其君者也。文定執聲罪致討與孔子沐浴而朝之故事，乃責桓公使臣不以禮，仲孫事君不以忠，而交譏之，非矣。故袁仁云：「此皆過刻之論，非《春秋》本旨」（《春秋胡傳考誤》）是也。

僖公五年：「春，晉侯殺其世子申生。」《傳》云：

「公羊子曰：殺世子母弟，直稱君者，甚之也。申生進不能自明，退不能違難，愛父以姑息，而陷之不義，讒人得志，幾至亡國。先儒以為大仁之賊也。」

按：《左氏》，晉獻之寵驪姬也久矣，及太子祭于曲沃，歸胙于公，姬毒而獻之。或謂太子辭之，太子曰：「君非姬氏居不安，食不飽。我辭，姬必有罪。君老矣，吾又不樂。」或謂行之。太子曰：「君實不察其罪，被此名以出，人誰納我。」乃縊于新城。爲申生者亦盡矣，文定何忍貶之。故俞汝言云：「驪姬讒構，陷太子于大惡，不辯不亡，自縊新城，可謂仁孝之至。而以姑息愛父，陷之不義爲詞，何其論之苛也。然則，欲免文定之譏者，何施而可？」（《春秋四傳糾正》）是矣。

僖公元年：「齊師、宋師、曹師次于聶北，救邢。」《傳》云：

「三國稱師，見兵力之有餘也。聶北書次，譏救邢之不速也。」

僖公元年：「夏，六月，邢遷于夷儀，齊師、宋師、曹師城邢。」《傳》云：

「**書邢遷于夷儀，見齊師次止，緩不及事也。**」

按：《左氏傳》，諸侯救邢，邢潰，出奔師。師逐狄人。具邢器用而遷之，師無私焉。遷之夷儀而城之，救患、分災、討罪，禮也。經書救，而文定謂緩不及事；《左氏》曰禮也，文定謂譏救之不速，皆與《左氏》異。考《穀梁》有言次非救之說⑦，蓋文定之所本也。不知「古之用兵，觀勢而後動，次于聶北，為之聲援，蓋救邢也」（黃震《黃氏日抄》卷五引崔氏云）。清儒徐廷垣亦云：「論者以次為緩詞，譏齊救邢之不速。不知救援之師，必察其形勢，審其虛實，攻其所必救，出其所不意，形格勢禁，則自為解耳。若必以速為責，以摧鋒陷陣為賢，幸而勝則我軍之死傷實多；不幸而不勝，則棄甲曳兵，敵勢益張，非特無益於援國，而愈速其亡矣。」（《春秋管窺》卷五）是矣。且桓公存三亡國，邢其一也，而文定以緩於急難譏之，豈非苛詞也。

僖公四年：「夏，許男新臣卒。」《傳》云：

「**劉敞曰：諸侯卒于外者，在師則稱師，在會則稱會。今許男一無稱者，此去師與會**

而復歸其國之驗也。召陵，地在潁川。是以，許男復焉。古者，國君即位而為椑，歲一漆之，出疆必載椑。卒于師曰師，卒于會曰會，正也。許男新臣卒，非正也。其為人君不知命者也。不知命則必畏死，畏死則必貪生，貪生則必亂於禮矣。而後有容身苟免之恥，而後有淫祀非聖之惑。此說是也。」

按：據經，許男於春會齊侯，宋公伐楚，次陘。夏卒，而召陵之盟尚在其後。是許男卒時，師未退也。據《左氏》，葬許穆公《傳》云：「許穆公卒于師，葬之以侯，禮也。」然則，劉氏去師與會而復歸其國之說，蓋臆測而得也。以臆測之詞，而責以非正，責以不知命，責以貪生畏死，責以容身苟免，不亦苛乎？

僖公二十有一年：「春，公伐邾，取須句。」《傳》云：

「按《左氏》，須句、風姓，實司太皞與有濟之祀。邾人滅之，須句子來奔，因成風也。公伐邾，取須句而反其君焉。審如是，固得崇明祀，保小寡之禮，何以書取乎？不請於王命，而專為母家報怨，謀動干戈於邦內，擅取人國而反其君，是以亂易亂，非所以為禮也。與收奪者無以異矣。」

按：文定言凡書救者，未有不善之也。初受兵而國未有危亡之勢，但能救而即善之。則國已亡，君已走，聲滅國者之罪，復取其土地人民而授之，使保其祀，其爲善也，不尤大乎？須句之取，《左氏》以爲禮，非溢美矣。文定顧以不請王命爲貶。將他救鄰邦者，皆請命而行乎？如其均是不請，則因功之大小，爲善之深淺，何獨於已亡之國而責之苛也（王介之《春秋四傳質》卷上）。且鋤强暴，扶弱小，復已失之國，納出亡之君，雖不請王命，猶爲義也。而文定責之以「以亂易亂。」然則，能免於文定之貶者幾希。

僖公二十有八年：「春，晉侯侵曹，晉侯伐衞。」《傳》云：

「按《左氏》，初，公子重耳之出亡也，曹、衞皆不禮焉。至是，侵曹、伐衞，再稱晉侯者，譏復怨也。」

僖公二十有八年：「楚人救衞。三月、丙午，晉侯入曹，執曹伯畀宋人。」《傳》云：

「晉文不修詞令，遽入其國，既執其君，又分其田，暴矣。欲致楚師與之戰，而以曹伯畀宋人，譎矣，雖一戰勝楚，遂主夏盟，舉動不中於禮亦多矣。徒亂人上下之分，無君臣之禮，其功雖高，道不足尚也。」

僖公二十有八年：「夏，四月，己巳，晉侯、齊師、宋師、秦師及楚人戰于城濮，楚師敗績。」

《傳》云：

「楚雖請戰，而及在晉侯，誅其意也。」

按：王介之云：「威福者，天下之公義也。非乘權者飾喜飾怒之具也。亦非任事者，避恩避怨之途也。義之所不可廢，錫之福以綏之，即庇其親暱而不以為諱。晉文之急於救宋，雖為贈馬之主人，君子不以為私於所好。義之所必伸，施之威以懲之，則怨在睚眦而固不可容。晉文之問罪於曹衞，雖有觀脅與塊之夙忿，君子不以為偏於所惡。而胡氏之以此譏晉侯，過矣。」（《春秋四傳質》卷上）是也。蓋二國實楚之黨與，救宋之師，必假道於二國，二國不先摧破，而輕率以進，則前有強楚之阨，後有曹衞之阻也。論者以夫子言晉文譎而不正，遂無一不以為譏。不知伐衞，侵曹，執曹伯畀宋人，皆破楚之黨也，所以乘其弊，攻其所必救，以致其來，以逸待勞，以收必勝之功也。城濮一戰勝之，尤為內安外攘之大功。而文定一概譏之。不知以中國禦荊蠻，此意非不善也，又何以誅焉？

僖公二十有九年：「曹伯襄復歸于曹，遂會諸侯圍許。」《傳》云：

「曹伯襄何以名？其歸之道，非所以歸也。……《春秋》名之，比於失地，滅同姓之罪。」

按：《左氏》，晋侯有疾，曹伯使其豎侯獳貨筮史，曰：「以曹為解。」晋侯說，反曹伯，文定遂曰：「以賂得國，而《春秋》名之，比於失地，滅同姓之罪。」且謂「以此知聖人嚴於義利之別，以正性命之理。」不亦苛乎？昔文王囚羑里，閎夭之徒以美女奇物獻而得釋，古未有非之者，獨於侯獳之賂免曹伯，遂等曹伯於失地，滅同姓之罪。則亦太苛矣。且阻臣子忠愛之心，不可以訓後世矣（徐廷垣《春秋管窺》卷五）。

文公四年：「夏，逆婦姜于齊。」《傳》云：

「禫制未終，思念娶事，是不忘哀而居約矣。方逆也而已成為婦，未至也而如在國中，原其意而誅之也。不稱夫人姜氏者，亦與有貶焉。婦人不專行，何以與有貶，父母與有罪也。」

按：二年冬，公子遂如齊納幣，時喪制未終而圖昏，固譏之矣。今逆婦已在三年之外，豈念舊惡而重貶之也。且「方逆也而已成為婦，未至也而如在國中。」固文公之不孝，而非姜氏之不順，又何誅焉。其說已苛矣。甚謂「父母與有罪。」亦何罪之可指乎？（參閱王介之《春秋四傳質》與俞汝言《春秋四傳糾正》）。

襄公二十有九年：「吳子使札來聘。」《傳》云：

「札者，吳之公子。何以不稱公子，貶也。辭國而生亂者，札為之也。故因其來聘而貶之，示法焉。」

按：季札之聘魯，三傳盛稱之，獨宋儒劉質夫謂「札不稱公子，以辭國而生亂者，札為之也。」（黃震《黃氏日抄》卷十一引）。攷質夫者，程頤之高弟也。知文定之說，源自質夫也。然「吳子使札，與楚子使椒，秦伯使術，一也。何獨于季子而貶之。曰：以辭國故。國者有人矣。公子魚、公子臧皆以讓取貴于春秋，何獨于札而責之。且前此太伯、伯夷，皆辭國也。孤竹不知所宗。周之後，代商有天下，幸也。不然，太伯、伯夷、不免與札同責矣。」（俞汝言《春秋四傳糾正》）。且札之辭國在聘魯二十九年之後，而貶之二十九年之前，無乃加非其罪，而輕於絕人與（姜寶《春秋事義全考》卷十二）！聖人作《春秋》之義，豈如是哉！

綜上所述，知文定《春秋傳》，於抉摘前人之不善，深文苛刻者，所在多有。前文但舉大端而已，讀者若欲知其詳，讀其書可也。然變孔庭筆削爲羅織之經者，固不始於宋儒。馬端臨論董仲舒《春秋決事比》云：「決事比之書，與張湯相授受，度亦災異對之類耳。帝之馭下，以深刻爲明，湯之決獄，以慘酷爲忠。而仲舒乃以經術附會之。王、何以老莊爲宗旨釋經，昔人猶謂其深於桀、紂，況以聖經爲緣飾淫刑之具，道人主以多殺乎？其罪又深於王，何矣。又按漢刑法志言，自公孫弘以《春秋》之義繩下，張湯以峻文決理，於是見知腹誹之獄興。湯傳又言，湯請博士弟子治《春秋》、《尚書》者補廷尉史。蓋漢人專務以《春秋》決獄，陋儒酷吏遂得因緣假飾。往往見二傳中所謂『責備』之說，『誅心』之說，『無將』之說，與其所謂巧詆深文者相類耳。聖賢之意，豈有是哉！」（《文獻通考》卷一八二）。然則，漢儒之以《春秋》斷獄，固已變聖人之經，爲商鞅之法矣。而宋儒又承漢儒餘緒而推衍之。故文定凡所譏貶，以曰誅意，今將，責備賢者，然聖人不若是刻酷⑧可知也。

六、稱美而踰情實

昔孔子爲《春秋》，「筆則筆，削則削，子夏之徒不能贊一辭。」（《史記·孔子世家》）。蓋以其「有所刺譏褒諱挹損之文，不可以書見也。」（〈十二諸侯年表〉）。故後儒之治聖經者，自三傳以下，每有專以褒刺、譏貶，求微言大義者，尤以《公羊》、《穀梁》二傳爲甚。至有謂「一字之褒，寵踰華衮之贈，片言之貶，辱過市朝之撻」（范甯《穀梁傳·序》）者也。

余考文定之治《春秋》也，既承二傳因褒刺譏貶以求微言大義之家法，故其抉摘前人，或深文而傷鍥刻，或稱美而踰情實。深文者，近乎舞文之吏，固非聖人夷曠之心，其論已見前文矣。若夫稱美而踰情實者，亦非聖人蕩蕩平平之志，則夫子不爲可知也。今條舉其大端於後，以驅讀者之惑云。

莊公九年：「公伐齊，納糾。齊小白入于齊。」《傳》云：

「糾，不書子者，明糾不當立也。以小白繫齊者，明小白宜有齊也。所以然者，襄公見殺，糾與小白皆以庶公子出奔，而糾，弟也，又未嘗為世子。」

按：子糾與小白兄弟之次，據《史記・齊世家》，襄公次弟糾奔魯，次弟小白奔莒。則子糾者，小白兄也。故荀卿曰：「桓公殺兄以還國。」《莊子》：「桓公小白，殺兄入嫂，而管仲爲臣。」古《越絕書》：「管仲臣於桓公兄公子糾。」管子《大匡篇》亦曰：「齊僖公生公子諸兒、公子糾、公子小白。」又曰：「鮑叔傅小白，辭疾不出，以小白幼而賤，不欲爲傅故也。」惟《漢書・淮南王傳》，知淮南厲王不法，文帝合大將薄昭以書責之。有曰：「昔周公誅管、蔡以安周，齊桓殺其弟以返國」之語。論者謂其云弟者，以文帝是兄，故諱言兄而言弟。韋昭本註，所謂子糾本兄而稱弟者，不敢斥也。然則，子糾本兄，小白乃弟也。文定所執者，以糾不書子，而小白繫齊也。不知《左氏經》固作子糾，而小白亦未書子；若謂小白繫齊，不知糾蒙上文伐齊，不可云納齊糾也。云糾未嘗爲世子，則小白又何嘗爲世子也。然文定必曰小白宜有齊者，蓋以「桓公得位，而有伯功。」（兪汝言《春秋四傳糾正》）。故特稱美之，而不暇較其情實也。

閔公二年：「冬，齊高子來盟。」《傳》云：

「高子，齊大夫也。子者，男子之美稱。其稱子，賢之也。何賢乎高子？莊公薨，子般卒，閔公弒，慶父、夫人亂乎內。魯於是曠年無君，齊桓公使將南陽之甲至魯而謀其國，其命高子必曰：魯可取則兼其國以廣地，魯可存則平其亂以善鄰，非有安危繼絕，一定不可易之計也。高子至則平魯難，定僖公，魯人賴焉；以為美談，至于久而不絕。曰：猶望高子也。聖人美其明人臣之義，得奉使之宜，特稱高子，以著其善。其不曰：齊侯使之者，權在高子也。」

按：齊桓合八國之師以服强楚，尊周室，文定猶以不請命而譏其專也。今高子之來，既權在高子，不譏其專，而反美之，何也？且命高子以「魯可取則兼其國以廣地，魯可存則平其亂以善鄰。」乃臆測之詞。以臆測之詞而斷權在高子而美之，不亦誣乎。且《國語．齊語》云：「桓公憂天下諸侯。魯有夫人，慶父之亂，二君弒死，國絕無嗣。桓公聞之，使高子存之。」又《公羊》云：「桓公使高子將南陽之甲，立僖公而城魯。」然則，寧魯難，魯人賴之者，非桓公而誰？美不歸于齊侯，而歸高子，豈其情也哉！

僖公四年：「冬，十有二月，公孫茲帥師會齊人、宋人、衞人、鄭人、許人、曹人侵陳。」《傳》云：

「方楚人未帖，而齊以為憂也。致勤於鄭，振中夏之威，會于陽穀，惇遠國之信。按兵于陘，修文告之詞，退舍召陵，結會盟之禮，何其念之深，禮之謹也。存此心以進善，則桓有王德，而管氏為王佐矣。」

按：袁仁矣：「救鄭、會陽穀，伐楚、次陘，屈完來盟。桓公霸迹偉矣。然而皆所謂假之者也。皆仲尼之徒所羞稱者也。如存此心以進善，雖善亦粗。功在王室，業滿寰區，適足以濟其私而已矣。故改此心以修德則可，存此心以進善則不可。」（《春秋胡傳考誤》）是矣。

僖公二十有八年：「天王狩于河陽。」《傳》云：

> 「啖助謂以常禮言之，晉侯召君，名義之罪人也。其可訓乎？若原其自嫌之心，嘉其尊王之意，則請王之狩，忠亦至焉。故夫子特書狩于河陽，所謂原情為制，以誠變禮者也。夫踐土之會，王實自往，非晉罪也。故為王諱足矣。溫之會，晉則有罪，而其情順也。故既為王諱之，又為晉解之。」

按：夫諸侯見於天子，其官司儀衞，所以自從者，有先王之節制在。必不敢盛徒衆，耀甲兵以震驚王之侍御也。雖彊大而恭順，亦何嫌之有。晉文之不朝，非自嫌也，憚於入覲，而將假王寵以誇諸侯也。故曰以臣召君，不可以訓。而書曰天王狩於河陽，既以存君體，亦以起問者；見事情，而晉文之罪自著矣。從啖助之說，則跋扈之臣恃彊脅主，孰非忠者，而仲尼且曲筆以順其情。是《春秋》方爲亂臣賊子文過也（陸粲《春秋胡氏傳辨疑》卷上）。故夫子書曰天王狩于河陽者，若效夏禹塗山之會，成王歧山之蒐者然。言王自狩也，諸侯自朝也，而晉弗與焉。以奪權姦之柄，還之天子也（王介之《春秋四傳質》卷上）。若如啖氏、胡氏之說，蓋緣晉文之伯，有大勳勞焉故也。

文公三年：「秦人伐晉。」《傳》云：

「晉人畏秦而不出，穆公逞其忿而後悔。自是見伐不報，始能踐自誓之言矣。」

按：文定以爲秦穆自敗殽歸，作〈秦誓〉，庶幾能改忿欲之心。然仍興彭衙之役，今又濟河焚舟，取王官及郊。晉人不出，秦穆乃後悔，自是見伐不報，爲能踐自誓之言。攷殽之戰，既敗，秦穆之悔，蓋悔不聽蹇叔之言，非悔其逞忿欲之心也。且若謂秦穆有悔過之言，而猶兩報敗殽之恥，必濟河焚舟，晉師不出，而後忿洩志快，豈眞能悔過者哉！又四年、晉復報王官之役而伐秦，逾二年，穆公卒。使穆公而在，未知其果不報晉否也（張自超《春秋宗朱辨義》卷六）。而文定遂許之悔過，豈非因秦穆之霸業乎？

文公四年：「晉侯伐秦。」《傳》云：

> 「晉人三敗秦師，見報乃常情耳。而穆公濟河焚舟，則貶而稱人。秦取王官及郊，未至結怨，如晉師之甚也。襄公又報之，於常情過矣。而得稱爵何也？聖人以常情待晉襄，而以王事責秦穆，所以異乎？……不譏晉侯，所以深善秦伯。」

按：文定此傳，朱子已謂「恐未必如此。」⑨。蓋晉文既歿，秦穆爭鄭，非襄公敗之於殽，則戎秦其將雄長於中原矣。然秦晉之怨，亦由敗殽起，彭衙之役，王官之師，皆由秦主兵。今晉之伐秦，亦報王官之役耳。文定以「秦取王官及郊，未至結怨，如晉師之甚。」而責晉襄之再報爲過常情。不知秦取王官及郊，特無必勝晉人之把握，故封殽尸而還，亦所以勵秦軍之士氣，爲他日競勝之左券也。乃遽許之王事，甚謂聖賢誥命不越此。過矣。故俞汝言云：「秦穆伐喪，兵連不解，至濟河焚舟，取王官，封殽尸，而晉亦圍邧，新城，春秋秦稱人，晉稱爵，明有所軒輊也。而文定巧爲掩護，乃曰以王事待秦穆，非以其伯故乎！」（《春秋四傳糾正》）是矣。

文公十年：「秦伐晉。」《傳》云：

「秦以狄書者，程氏以謂晉舍嫡嗣而外求君，罪也。既而悔之，正矣。秦不顧義理是非，惟以報復為事，則夷狄之道也。以此狄秦，義固然矣。或者，猶有深許晉人悔過能改，終不遂非之意，故重貶秦伯以見乎？」

按：《左氏》六年傳，晉襄卒，趙盾議立長君，使先蔑如秦迎公子雍。七年，趙盾畏穆嬴之偪，而立靈公。且潛師夜起，敗秦師於令狐。是無禮者，晉也。故八年，秦人伐晉，取武城，以報令狐之役。十年，春，晉人伐秦，取少梁。夏，秦伯伐晉，取北徵。是皆報復之師也。然文定之釋《春秋》，雖云事案《左氏》，卻謂「晉取少梁，事不輕見，固未可據。」巧爲晉開脫，而深罪秦。甚謂深許晋人悔過能改，終不遂非之意。不知立靈公者，乃畏穆嬴之偪，非以靈公之爲嫡嗣而悔之也。文定之巧爲開脫，蓋以聖人有「趙盾，古之良大夫」之言乎⑩？

文公十有四年：「晋人納捷菑于邾，弗克納。」《傳》云：

「邾文公元妃齊姜生定公，二妃晉姬生捷菑，文公卒，邾人立定公，捷菑奔晉。趙盾以諸侯之師八百乘納捷菑于邾。邾人辭曰：齊出貜且長。宣子曰：非吾力不能納也，義實不爾克也，引師而去之。故君子善之而書曰弗克納也。在《易・同人》之九四，曰乘其墉弗克攻，吉。〈象〉曰：乘其墉，義弗克也。其吉，則困而反則也，其趙盾之謂矣。」

按：邾文公以前年五月卒，其子貜且立已逾年，而晋猶助捷菑以庶奪嫡，罪莫大焉。故王氏經世云：「按捷菑之不當納，晋人非不之知。因其晋姬出，直欲以大國之勢，强納之耳。無名興師，氣先不壯，又聞邾人之言直，故消沮而還。陽爲爲義而卻，其實慮納之而終不能定，齊人來爭，後必多事，故不得不已耳。」（姜寶《春秋事義全考》卷七引）是也。而文定以盾爲能知義遷善以美之，且謂經之書人，所以爲諱，更謂以諱爲善。則其褒盾也過情矣。

宣公十有一年：「楚子入陳。」《傳》云：

「仲尼重傷中國，深美其有討賊之功。故特從末減。不稱取陳，而書入。雖曰與之可也。」

按：楚莊之入陳，固假討徵舒之名也。故徵舒授首而陳已爲楚之一縣。倘非申叔時之言，則陳亡矣。俞汝言云：「至楚莊入陳，名爲討賊，而實利其土田，故有蹊田奪牛之喻。」（《春秋四傳糾正》）是也。而文定謂仲尼深美其有討賊之功。而從末減，豈其然哉！

宣公十有二年：「楚子圍鄭。」《傳》云：

「入自皇門，至于逵道，蓋即其國都矣，而經止書圍。曷為悉從輕典？不書其憑陵諸夏之罪乎！上無天王，下無方伯，天下諸侯，有臣弒君，子弒父，諸夏不能討，而夷狄能討之，春秋取大節而略小過，雖如楚子憑陵上國，近造王都之側，猶從末減。於以見誅亂臣討賊子，正大倫之重也。」

按：楚莊之圍鄭，時歸生已死久矣，族已逐矣。鄭襄無罪，已與盟矣。楚何嘗討賊，亦何賊之可討乎？（朱朝瑛《讀春秋略記》卷七）。若以討一徵舒，而許其圍鄭；近在王都，猶從末減。則楚莊倘下三川，移九鼎，亦可許以義而從末減乎？蓋論者以楚莊為五伯之一，故文定巧為飾其美也。

宣公十有八年：「公孫歸父如晉。……歸父還自晉，至笙，遂奔齊。」《傳》云：

「歸父以君命出使，未反而君薨。在〈聘禮〉有執圭復命于殯之文，升自西階，子臣皆哭，情亦戚矣。今宣公猶未殯，而東門氏逐，忍乎哉！書曰：歸父還自晉者，已畢事之詞也。至笙遂奔齊者，罪成公君臣，死君而忘父，逐之亟也。」

按：俞汝言云：按襄仲殺惡及視，援立宣公，宣公深德之。歸父嗣父執政，伐邾，伐莒、會齊、會楚。今又如晋而欲去三桓，季文子所以亟逐之也。其事雖出于季氏，而襄仲弑逆之罪，再世不宥。即曰去三桓，亦去異己而自擅國政耳。安得以復命袒哭，而反咎君臣之死君而忘父也。乃錄小禮而忘大惡乎（《春秋四傳糾正》）是矣。

七、穿鑿與臆測

傳《春秋》之家，漢儒依傍三傳，雖云實學，已多附會。自唐大歷中，啖助、趙匡、陸淳三子者出，既破顓家之藩籬，啓通學之大門。於是，後儒之解《春秋》者，莫不競尚新奇以爲高。由是，穿鑿附會者有之，憑胸臆度者有之。故朱子嘗歎曰：「或有解《春秋》者，專以日月爲褒貶，書時、月則以爲貶，書日則以爲褒，穿鑿得全無義理。」（朱子《五經語類》卷五十八）。又曰：「世間人解經多是杜撰。且如《春秋》，只據赴告而書之，孔子只因舊史而作《春秋》，非有許多曲折。」（同上）。由此。告穿鑿臆度，乃有宋一代治經者之風尚也。故其評文定《春秋傳》，云：

「有牽強處，然議論有開合精神。」（同上）。又云：「是以義理穿鑿，故可觀。」（同上）。詳讀《胡傳》，知晦翁之言不我欺也。茲臚列胡傳穿鑿與臆度者於後，使讀是書者，庶幾能去其翳障，而得其義理云。

㈠穿鑿

隱公「元年」，《傳》云：

「元即仁也，仁，人心也。《春秋》深明其用當自貴者始。故治國先正其心，以正朝廷與百官，而遠近莫不壹以正矣。」

按：文定於隱公篇總結，又云：「元者何？仁是也。仁者何？心是也。建立萬法，酬酢萬事，帥馭萬夫，統理萬國，皆此心之用也。堯、舜、禹以天下相授，堯所以命舜，舜亦以命禹。首曰：『人心惟危，道心惟微。』周公稱乃考文王，惟克厥宅心，乃克立茲常事。故一心定而萬物服矣。」讀斯《傳》，知文定汲汲以誠、正、修、齊、治、平之道導其君，故其論甚正，其言尤切。惜孔子作《春秋》，書元年者，蓋紀事之體耳，恐非有此意也。楊龜山固云其說「似太支離」

(《龜山集》卷二十)矣。元儒程端學嘗謂:「在《易》,元亨利貞之元,可謂在天爲元,在人爲仁。若數年,而以仁爲訓,遂謂仁年得乎?」(《春秋或問》卷一)是矣。然則,以元爲仁,蓋朱子所謂「以義理穿鑿」(朱子《五經語類》卷五十八)者也。

隱公元年:「秋,七月,天王使宰咺來歸惠公仲子之賵。」《傳》云:

「冢宰稱宰,咺者,名也。王朝公卿書官,大夫書字,上士、中士書名,下士書人。咺位六卿之長而名之,何也?仲子,惠公之妾爾。以天王之尊,下賵諸侯之妾,是加冠於屨,人道之大經拂矣。天王,紀法之宗也;六卿,紀法之守也。議紀法而修諸朝廷之上,則與聞其謀,須紀法而行諸邦國之間,則專掌其事。而承命以賵諸侯之妾,是壞法亂紀自王朝始也。《春秋》重嫡妾之分,故特貶而書名,以見宰之非宰矣。或曰:僖公之母成風,亦莊公妾也。其卒也,王使榮叔歸含且賵;其葬也,王使召伯來會葬。下賵諸侯之妾而名其宰,榮、召何以書字而不名也。於前賵仲子則名冢宰,於後葬成風,王不稱天,其法嚴矣。」

桓公四年:「夏、天王使宰渠伯糾來聘。」《傳》云:

「宰，冢宰也。渠，氏。伯，爵。糾，其名也。王朝公卿書爵，大夫書字。上士、中士書名，下士書人，例也。糾位六卿之長，降從中士之例而書名，貶也。於糾何貶乎？在周制，大司馬九伐之法，諸侯而有賊殺其親則正之，放弒其君則殘之。桓公之行，當此二者。舍曰不討，而又聘焉，失天職矣。……故特貶而書名，以見宰之非宰也。」

桓公八年：「天王使家父來聘。」《傳》云：

「下聘弒逆之人而不加貶，何也？既名冢宰於前，其餘無責焉。乃同則書重之義，以此見《春秋》任宰相之專而責之備也。」

莊公二十有七年：「秋，公子友如陳葬原仲。」《傳》云：

「公子友如陳葬原仲，私行也。人臣之禮無私交，大夫非君命不越境，何以通季子之私行而無貶乎？曰：《春秋》，端本之書也，京師、諸夏之表也。祭伯以寰內諸侯而來朝，祭叔以王朝大夫而來聘，尹氏以天子三公來告其喪，誣上行私，表不正矣。故季子違王制，委國事，越境而會葬，齊高固、莒慶以大夫即魯而圖婚。其後，陳莊子死，赴喪於魯，魯人欲勿哭，繆公召縣子而問焉，曰：古者，大夫束修之問不出境，雖欲哭，焉得而哭諸；今之大夫交政於中國，雖欲勿哭，焉得而勿哭。末流可知矣。《春秋》深貶王臣，以明始亂，備書諸國大夫而無譏焉，則以著其效也。凡此皆正其本之意也。」

按：以天王之尊，下賵諸侯之妾，其貶固不待言。而謂「前賵仲子則名其冢宰，後葬成風則王不稱天」以示貶。又桓公弒逆而立，既不入朝于京師，而坐受天王之聘；天王既不能討，又屢聘弒逆之賊，則其貶亦不待言。而謂宰渠伯糾降從中士之例，家父即可以無貶，以見任宰相之專且責之重。凡此皆心存褒貶之念，然求之於例，又不得其說，乃强爲之詞，故附會若此。甚者謂王臣亂紀，則諸侯之大夫雖行私，亦可以無貶，怪哉。毛氏奇齡嘗謂若如胡氏說，「則列國弒君，皆可援幽、厲以邀免矣」（《春秋傳》卷十二）是也。然聖人之作《春秋》，必不置覆而待人之射也。

桓公三年：「有年。」《傳》云：

「然十二公多歷年所，有務農、重穀、閔雨而書雨者，豈無豐年，而不見於經，是仲尼於他公皆削之矣。獨桓有年、宣大有年，則存而弗削者。緣此二公獲罪於天，宜得水旱、凶災之譴。今乃有年，是反常也。故以為異，特存耳。」

宣公十有六年：「冬，大有年。」《傳》云：

「宣公弒立，逆理亂倫，水旱、螽蝝、饑饉之變，相繼而作，史不絕書，宜也。獨於是冬，乃大有年，所以為異乎？」

按：二公之書有年，《公羊》以爲喜，《穀梁》以爲五穀皆熟。唯文定從伊川記異之說，而以爲二公獲罪於天，宜得水旱、凶災之譴，而以有年爲反常。此蓋緣二公之弒逆而附會爲說者也。故俞汝言云：「按此論因二君而發，不爲過當，但百姓何罪焉？既無仁愛之君，而又值歉收之歲，則靡有孑遺矣」（《春秋四傳糾正》）是也。

隱公四年：「衛州吁弒其君完。」《傳》云：

「此衛公子州吁也。而削其屬籍，特以國氏者，罪莊公不待之以公子之道，使預聞政事，主兵權而當國也。」

莊公九年：「齊無知弒其君諸兒。」《傳》云：

「無知曷為不稱公孫，而以國氏？罪僖公也。弒君者無知，於僖公何罪乎？不以公孫之道待無知，使恃寵而當國也。」

按：文定是說，蓋本《公羊》「曷爲以國氏？當國也。」而衍之者。然穿鑿之說也。州吁弒君而罪莊公，無知弒君而罪僖公，不亦怪哉！若謂據《左氏》，吁好兵，而莊公不禁，可矣。然無知，夷仲年之子，而僖公之侄也，伯父豈有教侄子之道乎？且「夫子作《春秋》，於州吁之爲公子，無知之爲公孫，未嘗於他事先見之，於弒君書名，何以使後人知其爲公子、公孫，而默會其削之之義耶？」（張自超《春秋宗朱辨義》卷三）。

桓公四年無秋冬。

桓公七年無秋冬。《傳》云：

「古者賞以春夏，刑以秋冬，象天道也。桓弟弒兄，臣弒君，而天討不加焉。是陽而無陰，歲功不能成矣。故特去秋、冬二時，以志當世之失刑也。獨於四年、七年闕焉、何也？……桓弒隱而立，大司馬九伐之法，雖未之舉，猶有望也。及使冢宰下聘，恩禮加焉，則天下之望絕矣。故四年宰糾書名，而去秋、冬二時，以見天王之不能復用刑也。……桓弒而立，雖方伯連帥環視而未之恤，猶有望也。及穀、鄧二國自遠來朝，則天下諸侯莫有可望者矣。故七年穀伯、鄧侯各書其名而去秋、冬二時，以見諸侯之不復能修其職矣。」

按：二年之闕秋、冬二時，三傳皆闕而不論，獨何休有去二時以示貶之說，是文定之所本也。然是說也，朱子已謂「不成議論」（朱子《五經語類》卷五十七）。蓋此以去二時爲貶，則桓十七年之闕夏，昭十年、定十四年之闕冬，又將何以說之。若此以爲貶也，彼以爲闕文，又何所據而言之。且四年之去二時，以宰糾之下聘，此固然矣。特八年家父之來聘，何以不去二時，乃又曰「名冢宰於前，其餘無責焉。」委曲遷就若此，其非穿鑿而何？若穀伯、鄧侯固小國之君也，豈能修方伯連帥之職者乎？不責會于稷、盟于越之齊、鄭，而責備於蕞爾之小國，避强擊弱，尊大抑小，豈聖人之心哉（陸粲《春秋胡氏傳辨疑》卷上）！且今二年之去秋、冬二時，適無事爾。設此時有征伐會盟之不可不書者，豈以欲去二時之故，而置之不書乎（俞汝言《春秋四傳糾正》）？由此知文定蓋欲貶魯桓，乃穿鑿爲說，非聖人原有此意也。故萬氏斯大譏之曰：「乃文人之巧思，非明經之正義」（《學春秋隨筆》卷二）。不誣也。

僖公二十有五年：「衛侯燬滅邢。」《傳》云：

「衛侯何以名？滅同姓也。……然則晉滅虞、楚滅夔，亦同姓也。曷為不名？曰：諸侯滅同姓則名，其常也；有名、有不名，例之變也。邢雖與狄伐衛，而經無譏文者，為能救齊也。衛人曾不反思，而遷怒於邢，又遣禮至昆弟往仕焉，誘其守而殺之于外，與虞公貪璧馬，以易鄰國及其身者，其情異矣。《春秋》原情定罪，而衛燬獨名，蓋輕重之權衡也。若荊楚則僭號稱王，聖人比諸夷狄，於滅夔乎何誅。」

按：諸侯滅同姓則書名，此《左氏》所謂之傳例⑪。然《左氏》之傳例，固有不可通者⑫。故朱子已疑衛侯之書名，「恐是因傳寫之誤，亦未可知」（朱子《五經語類》卷五十九）。文定亦知其不可通，故以虞公貪賂，自取晉滅，荊楚僭王，滅夔何誅？以曲解之。不知晉之滅虞，虞公固貪。然晉之滅虢，虢又何罪？若謂荊楚僭王，滅夔可以不罪。則凡僭竊稱王者，聖人皆允其滅國乎？凡此皆拘泥於凡例，强而爲之詞也，故，齊侯滅萊（襄公六年），亦滅同姓也，文定遂置之而不解矣。

宣公八年：「葬我小君敬嬴。雨不克葬。庚寅，日中而克葬。」《傳》云：

「敬嬴以其子宣公屬諸襄仲，殺太子及其母弟，雖假手于仲，實敬嬴之謀也。經書子赤卒，夫人姜氏歸于齊，其文無貶。而讀者有傷切之意焉，則以秉彝不可滅也。傳謂哭而過市，市人皆哭，敬嬴逆天理、拂人心之狀慘矣。其於終事，而不克葬，著徵咎焉。」

按：敬嬴之以其子宣公屬諸襄仲，終使仲殺適立庶，此固然矣。然文姜與弒其夫桓公，哀姜與弒兩君，而葬皆無事。豈天道固咎敬嬴，而私文姜、哀姜也。且定公之雨不克葬，又何說焉？故趙氏鵬飛云：「以爲嬴氏殺嫡立庶，天譴之，故雨不克葬，此附會之說爾」（《春秋經筌》卷九）是矣。蓋雨不克葬，亦適然之事也。然則，孫明復「譏無備」（《春秋尊王發微》卷七）之說，或然矣。

襄公七年：「公會晉侯、宋公、陳侯、衞侯、曹伯、莒子、邾子于鄬。鄭伯髡頑如會，未見諸侯，丙戌、卒于鄵。」《傳》云：

「僖公欲從諸侯會于鄬，則是貴禮義是中國之君也。諸大夫欲背諸夏與荊楚，則是近禽獸為夷狄之民也。以中國之君而見弒於夷狄之民，豈有不善之積以及其身者乎？聖人至是傷之甚，懼之甚，故變文而書曰：鄭伯髡頑如會，未見諸侯，丙戌，卒于鄬。」

哀公十年：「齊侯陽生卒。」《傳》云：

「春秋不著齊人弒君之罪，而以卒書者，亦猶鄭伯髡頑弒而書卒。不忍以夷狄之民加中國之君也。其存天理之意微矣。」

按：鄭僖之弒，三傳皆同，而《春秋》書卒。齊侯書卒，二傳闕而不論，獨《左氏》以爲弒。故說者疑焉。萬氏斯大以爲「亂賊弒逆，不一其途，有顯行其弒者，亦有隱行其弒者。顯行其弒者，逆迹彰聞，無從自諱，縱或外赴不以其實，要未有不名其弒者。隱行其弒者，陰施鴆毒，扼吭之姦，陽爲卒病暴亡之狀，一時爲其所欺，而外赴止云不祿，史官從而書之，《春秋》烏得而更之。傳得詳其事者，蓋其同謀數侶，久而漸露其奸，本國之史，乃稍得存之記載，若子駟之弒僖公，楚圍之弒郟敖是也。」（《學春秋隨筆》卷九）。萬氏剖析經書卒，而傳書弒之故，似稍近情實。

若文定以爲「不使夷狄之民，加乎中國之君」者，蓋欲尊崇聖經，使字字有義，句句褒貶。而謂探之以至隱，故穿鑿若此。俞汝言云：「其言雖美，而欲以懲戒弒逆，亦已遼緩」（《春秋四傳糾正》）是也。

襄公三十年：「葬蔡景公。晋人、齊人、宋人、衞人、鄭人、曹人、莒人、邾人、滕人、薛人、杞人、小邾人會于澶淵。宋災故。」《傳》云：

「《春秋》大法，君弒而賊不討，則不書葬。況世子之於君父乎？蔡景公何以獨書葬？遍刺天下之諸侯也。……何以知聖人罪諸侯之意如此乎？以下文書會于澶淵，宋災故，而貶其大夫則知之矣。……蔡世子般弒其君，天下之大變，人理所不容也。則會其葬而不討，宋國有災，小事也，則合十二國之大夫，更宋之所喪而歸其財，則可謂知務乎？……故諸侯之大夫貶而稱人，魯卿會而不書。」

按：君弒而賊不討，乃《公羊》之所謂例⑬也。今蔡般未加討，而景公書葬，於例有所不合，故文定以爲例之變。蓋十三國之大夫，以宋災故而會于澶淵，謀歸宋財，而不能討弒君之賊。乃「不能三年之喪而緦小功之察也。」此聖人所以變其書法，以遍刺天下之諸侯也。然立義雖美，聖人之意未必如是也。故俞汝言云：「救災恤鄰，爲國之大務，然何至合十三國大夫而謀之，既又不歸于宋。不信，更不可爲也。胡氏之論甚正。若能以恤災之舉，爲討罪之師，晋可以繼文襄而復振矣。惜乎其不能也。特非筆削之本旨，故未敢以爲確論」（《春秋四傳糾正》）。而徐學謨亦云：「兩事同責，疑鑿也」（《春秋億》卷五）是矣。

昭公元年：「楚子麇卒。」《傳》云：

> 「郟敖是弒而書卒，何歟？令尹圍弒君以立，中國力所不加而莫能致討，則亦已矣。至大合諸侯于申，與會者十有三國。……若革其僞赴，而正以弒君，將恐天下後世以篡弒之賊，非獨不必致討，又可從之以主會盟，而無惡矣。聖人至此，憫之甚，懼之甚。……是故察微顯、權輕重，而略其篡弒，以扶中國，制人欲，存天理。」

按：郟敖之卒，二傳闕而不論，獨《左氏》以爲令尹子圍弒之。後儒論者不一，或如萬氏斯大所云者乎（見前）？特文定以爲沒其弒而書卒，乃因申之會，曲爲中國諱，則穿鑿之說也。王介之嘗謂「夫合十二國冠帶之君，羣戴僭王之匪人以爲盟主，斯古今之大變，人道之深憂，豈必有弒逆之惡，始足以動聖人之悲憫乎？」（《春秋四傳質》卷下）。且「楚圍弒篡，諸侯不能討之，從之爲會，此諸侯之羞，書之，正足以爲天下後世戒。而反削去其實，故爲隱諱，使得與無過之人等。於善無所勸，於惡無所忌，何振乎中國之衰微？何遏乎人欲之橫流？何貴乎微顯之察？何取乎輕重之權？」（徐廷垣《春秋管窺》卷十）。故俞汝言云：「深恐非聖人本旨」（《春秋四傳糾正》）是也。

昭公二十年：「盜殺衞侯之兄縶。」《傳》云：

「竊以為仲尼書斷此獄，罪在宗魯。……然則齊豹首謀作亂，宗魯雖預聞行事，又以身死之矣；今乃釋豹不誅，而歸獄於宗魯，不亦頗乎？曰：豹之不義，夫人皆知之也。若宗魯欲周事豹而死於公孟，蓋未有知其罪者。故琴張聞其死，將往弔之。仲尼曰：齊豹之盜，孟縶之賊，汝何弔焉？非聖人發其食姦受亂，蓋不義，犯非禮之罪，書於《春秋》，則齊豹所畜養之盜，孟縶所見殺之賊，其大惡隱矣。」

按：《左氏》，齊豹嘗薦宗魯于縶爲驂乘，及將殺縶時，豹使魯避去，而魯不肯。曰：聞難而逃，是子薦我之言不信也。子第行事，而吾從公死。遂併殺之。據此，則宗魯與此事始末全無干繫，不過一死事之傍及者耳。今文定乃舍齊豹而罪宗魯，釋主而責從者，蓋因仲尼之言，而本探之至隱之意，而附會之者，故俞汝言云：「宗魯有食姦受亂，蓋不義、犯非禮之罪。謂之不知大義可也，而以殺公孟之盜實之，恐不能舍齊豹而爲之代罪也。」（《春秋四傳糾正》）是矣。

文定之解《春秋》，其穿鑿者比比皆是。尤以日食、地震、雨雪、螽螟之類，所謂災異者，往往以漢儒董、何之事應附會之。其用心固在警人君以天人相感之理，以期成治世之隆，然要非聖人夷曠之體可知。而上述但舉其大端而已矣。

(二)臆測

昔朱晦翁論世人解經多是杜撰，嘗云：「且如書鄭忽與突事，方書忽，又書鄭忽，又書鄭伯突。胡文定便要說突有君國之德，須要因鄭伯兩字上求他是處，似此皆是杜撰。」（朱子《五經語類》卷五十八）。然文定之解《春秋》，類此憑胸臆度，以發新說者，比比皆是也。如以諸侯之大夫卒，或日或不日者，乃見恩數之有厚薄也（隱公元年：「公子益師卒」傳）。以鄭人來輸平，謂以物來求平（隱公六年：「鄭人來輸平」傳）。以莊公生三十有六載，而猶乏內主，乃爲文姜所制，使必娶于母家，而齊女待年未及之故也（莊公二十三年：「公會齊侯盟于扈」傳）。以衞人殺瑕，既稱公子，又稱及者，乃謂「瑕能守節，不爲國人所惡也」。又見「瑕無罪，事起元咺；以咺之故，延及於瑕」也（僖公三十年：「衞殺其大夫元咺及公子瑕」傳）。又以爲楚已滅陳，夷爲屬縣，必不遣使告亡國之災於諸侯，而魯史何得而書之？乃楚子與叔弓會于陳，目擊其事。故彼雖不來告，而叔弓使畢，歸語陳故，魯史遂書之也（昭公十年：「陳災」傳）。又以既書滅蔡，又書執蔡世子有者，乃蔡雖已滅，而世子有無降服之狀，楚人遂強執以歸而虐用之也（昭公十一年：「楚師滅蔡，執蔡世子有以歸，用之」傳）。凡此即求之經與傳，皆不可得而見。故先儒或譏其以意論斷（陸粲《春秋胡氏傳辨疑》卷上），或疑其臆度之見（童品《春秋經傳辨疑》卷下）。然則，文定或欲求異於先儒，或欲因時以立義，不得已而鑿空杜撰者乎？其間，別有因臆測而涉于誣者，前儒尤交相抉摘，茲述之於後云。

桓公十有五年：「公會紀侯、鄭伯。己巳，及齊侯、宋公、衛侯、燕人戰。齊師、宋師、衛師、燕師敗績。」《傳》云：

「齊人合三國以攻紀，魯、鄭援紀而與戰，戰而不地，於紀也。不然，紀懼滅亡不暇，何敢將兵越國助魯、鄭，以增怨乎？」

按：是役也，《左氏》以爲鄭與宋戰，《公羊》以爲宋與魯戰，《穀梁》以爲紀與齊戰。文定因趙匡之說，而從《穀梁》，或然矣。而又云：「紀懼滅亡不暇，何敢將兵越國，助魯、鄭以增怨乎？」則是以猜測之詞而誣聖經也。徐廷垣云：「釋經當以義例爲準，無逆料其敢不敢而遂可定爲事實也」（《春秋管窺》卷二）是矣。且有國而居微弱者，將旦旦夕夕居於路寢之上，以握固而後安乎？聖人必不以此垂訓後世也。

桓公十有五年：「鄭伯突入于櫟。」《傳》云：

> 「經於厲公復國，削而不書，獨書入于櫟，何也？……若曰：既入于櫟，則其國已復矣。」

莊公四年：「夏，齊侯、陳侯、鄭伯遇于垂。」《傳》云：

> 「鄭伯，實厲公，非子儀也。」

按：遇于垂者，蘇轍以爲子儀也。蓋「桓十五年五月，書鄭伯突出奔蔡，鄭世子復歸于鄭，九月，書鄭伯突入于櫟。十七年高渠彌殺忽而立子亹，十八年，齊襄公殺子亹，鄭人立子儀。莊十四年，突使傅瑕殺子儀而入，則遇于垂者，子儀也」（蘇轍《春秋集解》卷三）。蘇氏考證精詳，文定且引之矣。然猶以鄭伯實厲公，非子儀者。蓋文定以桓十五年忽之復歸書鄭世子，而突之入櫟書鄭伯。因創忽雖世子，無能以自固；突雖不正，有君國之德之說。故遂以為凡書鄭伯皆厲公。雖明知桓十五年之會于袲，十六年之伐鄭，皆為納厲公，然猶以入櫟為復國，遇垂為厲公，謬甚。王介之云：「突以庶孽而篡，出奔於外，追而予之以爵，將使與魯昭之正位為君者比，奚其可？」（《春秋四傳質》卷上）。是矣。君臣之際，嫡庶之間，聖人之所尤謹，孰謂孔子與篡弒之賊為正哉！誣莫甚焉。

僖公五年：「公及齊侯、宋公、陳侯、衞侯、鄭伯、許男、曹伯會王世子于首止。」《傳》云：

> 「特書及以會者，若曰王世子在是，諸侯咸往會焉。示不可得而抗也。後世論其班位，有次于三公宰臣之下，亦有序乎其上者，則將奚正？自天王而言，欲屈遠其子，使次乎其下，示謙德也。自臣下而言，欲尊敬王世子，則序乎其上，正分義也。」

按：文定此《傳》，自書及以會者，至若曰：王世子在是，諸侯咸往會焉，示不可得而抗也。袁仁以為「此論甚正」（《春秋胡傳考誤》）。蓋以其有功於名教故也。自後世論其班位，至正分義也。袁氏則以為臆說，且不可為訓，是矣。蓋正名之學，聖人之所以告子路者，以「名分之嚴，一毫不可假，一日不可廢，奈何屈遠其子以示謙哉！」（同上）。「《春秋》之法，王人雖微，必序于諸侯之上。此序王世子于其下者，尊王世子也。」（同上）。文定之說於「名不正，則言不順，言不順則事不成」之教，亦差矣。

僖公十有四年：「季姬及鄫子遇于防。使鄫子來朝。」《傳》云：

「《春秋》內女適人者，明有所從則繫諸國。若杞伯姬是也。其未適人者，欲有所別，則書其字，若子叔姬是也。季姬書字而繫諸國，其女而非婦亦明矣。及者，內為志。內女而外與諸侯遇，譏魯也。朝不言使，言使非正，鄫子國君，而季姬使之朝，病鄫也。魯秉周禮，男女之際，豈其若是之甚乎？蓋魯公鍾愛其女，使自擇配，故得與鄫子遇于防，而遂以季姬歸之爾。」

按：《左氏》，鄫季姬來寧，公怒，止之，以鄫子不朝也。夏，遇于防，而使來朝。《公》、《穀》則曰：「使來請己也。」俞汝言云：「《公穀》曰：使請己。亦以怒止之，而令其來朝，請己，初無異指也。」（《春秋四傳糾正》）。唯何休云：「使來請娶己以為夫人，下書歸是也。」此蓋文定之所本，故背三傳，而創「魯公鍾愛其女，使自擇配」之說。「然豈有未嫁之女，而與諸侯相會者哉！」（袁仁《春秋胡傳考誤》）。俞汝言亦云：「不知季姬內女，何自識鄫子而欲嫁之，而又遇之于防，而令其請已。即匹庶之賤，亦無此事，而況女公子耶？」（《春秋四傳糾正》）。然則，胡氏說之誣妄可知矣。

桓公十有五年：「五月，鄭伯突出奔蔡。」《傳》云：

「按《左氏》，祭仲專，鄭伯使其壻雍糾殺之，雍姬知之，以告仲。仲殺雍糾，公出奔蔡，是祭仲逐之也。沒而不書，其義何也？陸淳曰：逐君之臣，其罪易知也，君而見逐，其惡甚矣！聖人之教，在乎端本清源，故凡諸侯之奔，皆不書所逐之臣，而以自奔為名，所以警乎人君，其說是也。」

僖公二十有四年：「冬，天王出居于鄭。」《傳》云：

「自周無出，特書曰出者，言其自取之也。……貶而書出，以為後戒。」

襄公十有四年：「衞侯出奔齊。」《傳》云：

「不書所逐之臣，而以自奔為名，所以警乎人君者。為後世鑒。」

昭公二十有五年：「公孫于齊，次于陽州。」《傳》云：

「內出奔，稱孫，隱也。」

哀公四年：「盜殺蔡侯申。」《傳》云：

「變文書盜，以警有國之君也。」

按：俞汝言云：「按《傳》于君出，皆歸過于君。于鄭爲自取，奔齊爲警君，孫齊爲不知消息盈虛之理。原其故，皆以自出自孫爲文，而不書逐君之臣。不知聖人非以臣爲無罪而釋之也。頹叔、桃子奉太叔，執周公，晋文亦止定王而不深討罪。魯、衞之事，晋之君臣皆置君不問而臣是助，既無伯討，以自出爲文，隱之至也。豈聖人得已乎？至師曠、史墨有歸于君之語，皆當時邪說，但知大夫之强，而不知有諸侯，況天子乎？後世不知而信之，害世道不淺，何傳者之夢夢也。」

（《春秋四傳糾正》）。是矣。至知盜殺蔡侯申，蓋以公孫翩非大夫，不名，同於賤人爲亂者，故曰盜。徐廷垣云：「胡氏謂警有國之君，非也。蓋弒逆大惡，君之謀國即有不善，臣豈得而弒之，縱賊以警君，《春秋》固無是理也。」（《春秋管窺》卷十二）。然則，文定警君之說，誠名教之罪人，何足以訓後世哉！

文公十有五年：「齊人歸公孫敖之喪。」《傳》云：

「許翰以謂文伯、惠叔二子之哀，誠無已也。故魯人從其請，國史記其事，仲尼因而不革者，以敖著教也。《易》曰：『有子，考無咎，周公命蔡仲曰：爾尚蓋前人之愆。』」

按：敖者，公子慶父之子。慶父弒二君，敖棄君命，從己氏於莒。皆亂命逆賊之人也。文叔、惠伯不以國事爲先，而哀亂命之父，請而再請，國君不得已而許之。今文定乃謂「《春秋》嘉其克蓋前人之愆，緣此以立教示義。」（張自超《春秋宗朱辨義》卷六）。此何教何義。而謂聖人爲之，誣莫甚焉。黃仲炎云：「此可見君弱臣强，雖大夫有大罪，而罰不能加也。」（《春秋通說》卷四）。其說或然。

襄公二十有一年：「邾庶其以漆閭丘來奔。」傳云：

「庶其，邾大夫也。春秋，小國之大夫，不書其姓氏，微也。其以事接我，則書其姓氏，謹之也。」

定公十年：「齊人來歸鄆、讙、龜陰田。」《傳》云：

「夫子以禮責齊，而齊人歸地，皆書曰來，序績也。《春秋》，夫子之筆削，自序其績可乎？聖人會人物於一身，萬象異形而同體，通古今於一息，百王異世而同神。於土皆安而無所避也，於我皆真而無所忘也。其曰：天之將喪斯文也，後死不得與斯文也。天之未喪斯文也，匡人其如予何？是以天自處矣，而亦何嫌之有？」

按：聖人無私，文定之常言也。今謂邾無大夫，以其接于我則書，是聖人非無私矣。又唐虞事業，自堯、舜視之，特太虛浮雲耳。今歸田乃瑣末細事，而謂聖人自以為功，豈其然哉！故黃仲炎云：「自《左氏》、穀梁子以為夾谷相禮致之，後世儒者，遂沿其說，如揚雄氏謂齊人章章，歸其侵疆，為魯用聖人之效，可謂淺而誣矣。孔子，仁、義、禮、樂之主也。位天地、立人極，為前王繼絕統，為萬世開太平，非一時之事，一時之功也。若必以當時物化觀之，則孔子以匹夫而居亂世，聚天下之英才而游乎其門，聰明者默，辯博者訥，好勇者怯，堂堂者失步趨。於窮厄之日而不忍去築場，於哀泣之餘而不能忘。故《孟子》曰：以德服人者，中心悅而誠服也，如七十子之服孔子也。推此道以用，天下國家可知已，何必以返魯三邑爲盛事哉！」（《春秋通說》卷十二）。由是觀之，文定以歸三邑，爲聖人自序其績，不亦誣乎！

定公十有二年：「公圍成，公至自圍成。」《傳》云：

「仲由為季氏宰，孔子為魯司寇，而不能墮成，何也？按是冬，公圍成，弗克。越明年，孔子由大司寇攝相事，然後誅少正卯，與聞國政，三月而商賈信於市，男女別於途，及齊人饋女樂，孔子遂行。然則，圍成之時，仲尼雖用事，未能專得魯國之政也。而辯言亂政如少正卯等，必肆疑阻於其間矣。」

按：《左氏》，郈、費二都之墮，固二氏之家臣專而二氏急欲墮之也。若成，成宰公斂處父嘗謂「成者，魯鄙之保障也。若墮成，齊人必至北門矣。」又謂無成是無孟氏也。然則，成之家臣不叛，且爲魯之邊門，此其所以不克也。文定以夫子之不能墮成，而曲爲之解，誣妄甚矣。張自超云：「成不墮，何足以損夫子之道哉！使夫子久得魯而行其道，敎之以禮，化之以德，則天下歸心，何三家之不能格？雖郈、費皆不墮，亦不足以爲患。不然，聖人之治，乃與秦皇、李斯之鎖兵器，毀名城同用哉！」（《春秋宗朱辨義》卷十一）是矣。

八、疏誤與矛盾

文定之解《春秋》，雜采諸家之說以入傳，因是，固得擷取諸家之長。然各家立義紛歧，折中匪易，是以，疏誤頗多。又緣經立義，矛盾隨之。後儒抉摘者亦甚夥。今條舉其大端，以觀其梗概云。

桓公十有四年：「無冰。」《傳》云：

「今在仲冬之月，燠而無冰，則政治縱弛不明之所致也。」

按：周之正月，夏之十一月也，今文定亦曰仲冬之月，與隱公元年春王正月傳云：「夏時冠周月」者不符。故徐學謨云：「何與春王正月之論自異也」（《春秋億》卷一）。由是觀之，夏時冠周月之說，文定亦不能自固於心，故有此矛盾也。

桓公十有五年：「鄭伯突入于櫟。」《傳》云：

「經於厲公復國，削而不書，獨書入于厲，何也？……若曰：既入于櫟，則其國已復矣。」

桓公十有五年：「冬，十有一月，公會宋公、衞侯、陳侯于袲，伐鄭。」《傳》云：

「《左氏》曰：將納厲公也，弗克而還。」

莊公四年：「夏，齊侯、陳侯、鄭伯遇于垂。」《傳》云：

「蘇轍曰：鄭伯，子儀也。桓十五年書突出奔蔡，忽歸于鄭。是年九月，突入于櫟。十七年，高渠彌弒忽，立子亹。十八年，齊襄公殺子亹，鄭人立子儀。莊十四年，突使傅瑕弒子儀而入，則遇于垂者，子儀也。然則鄭有二君可乎？春秋有一國而二君者，鄭突與儀，衛衎與剽是也，突衎始終為君，子儀君鄭十有四年，剽君衛十有一年，皆能君者也。

故春秋因其實而君之。然則孰與？曰皆不與也，突之入以篡，衎之出以惡，儀、剽雖國人所立，而突、衎在焉，非所以為安也。故四人者，《春秋》莫適與也，皆不沒其實耳。君子不幸而處於此，如子臧、季札可也。不如是則亂不止，為此說者善矣。然而鄭伯實厲公也，非子儀也。」

按：杜預云：「櫟，鄭別都也。」則厲公雖入于櫟，未嘗入于國都；昭公雖微弱，亦未嘗他奔也，何得云復國。胡氏蓋因《公羊》有「曷爲不言忽之出奔」之言，而誤斷突已復國。然《公羊》之誤，蘇轍《集解》已辨之矣⑭。且「會于袲」，文定又據《左氏》以爲「納厲公。」是文定又以突實未嘗復國，故諸侯會而謀納之，何矛盾至此耶？至所引《穀梁》疑詞之說，蘇轍氏又已辨之矣⑮。若夫「遇于垂。」蘇子由考證詳實，文定既全引其文，而又斷之曰：「鄭伯實厲公也，非子儀也。」則其矛盾更甚。故毛大可譏之曰：「不惟不識事實，並不識情理矣」（《春秋傳》卷九）。

莊公十有七年：「春，齊人執鄭詹。」《傳》云：

「鄭既侵宋，又不朝齊，詹為執政，蓋用事之臣也。其見執宜矣。」

成公二年：「丙申，公及楚人、秦人、宋人、陳人、衞人、鄭人、齊人、曹人、邾人、薛人、鄫人盟于蜀。」《傳》云：

「皆國卿也，何以稱人？楚僭稱王，《春秋》黜之，比諸夷狄。晉雖不競，猶主夏盟。諸侯苟能任仁賢，修政事，保固疆圉，要結鄰好，同心擇義，堅事晉室，荊楚雖大，何畏焉？」

昭公三十有二年：「冬，仲孫何忌會晉韓不信，齊高張、宋仲幾、衞世叔申、鄭國參、曹人、莒人、薛人、杞人、小邾人城成周。」《傳》云：

「不曰城京師，而曰城成周者，京師，衆大之稱，成周，地名也。與列國等矣。」

按：《春秋》尊王，文定之恆言也。今於鄭詹之見執曰宜，於蜀之盟則以爲宜專事晉室。如是，則《春秋》其捨天王而以事霸主爲義矣。又以《春秋》之書「城成周」，爲等之如列國。則《春秋》尊王之義又安在哉！

僖公元年：「夫人姜氏薨于夷，齊人以歸。」《傳》云：

「其曰齊人以歸者，以其喪歸于魯也。」

按：經書「齊人以歸。」《左氏》以爲歸齊，《公》、《穀》以爲歸魯。胡氏依二傳，而不從《左氏》。攷下文又書「十二月，丁巳，夫人氏之喪至自齊。」豈七月已歸魯，十二月反至自齊耶？故姜寶云：「言薨于夷，蓋桓公召至夷，而謚殺之也。齊人以歸者，既殺之於夷，而以其尸歸，復命於齊也，待魯請而歸其喪。故死在七月，而喪歸在十二月爾」（《春秋事義全考》卷五）。姜氏或許近之。不然，豈有齊、魯鄰壤，其在途竟待一百七十日而始至乎？故知文定之失考也。

文公三年：「夏，五月，王子虎卒。」《傳》云：

「王子虎，不書爵，譏之也。天子內臣無外交。或曰：禮稱情而為之節文者也。叔服新使乎我，則宜有恩禮矣。仲尼脫驂於舊館，雖卒叔服可也。」

按：王子虎、《左氏》以爲王叔文公。而《穀梁》以爲叔服，文定本《穀梁》，而不從《左氏》。然文公十有四年：「有星孛入于北斗。」胡氏又載叔服之言，前後矛盾。故李廉云：「胡氏於星孛之下，又引叔服之言，則亦不以《左氏》爲非矣，不知何不照應如此。」（《春秋諸傳會通》卷十二）。

文公十有四年：「齊人執子叔姬。」《傳》云：

「子叔姬者，齊君舍之母也。弒其君、執其母，皆商人所為，而以為齊人執之，何也？商人弒君之罪已顯，而齊人黨賊之惡未彰。……弒其君而不能討，執其母而莫之救，則是舉國之人，皆有不赦之罪也。……故聖人書曰：齊人執子叔姬，所以窮逆賊之黨與而治之也。」

按：九月，齊公子商人弒其君舍，文定《傳》云：「州吁弒君則以國氏，商人獨稱公子，何也？以國氏者，累及乎上。稱公子者，誅止其身。」既誅止其身，今又謂「舉國之人，皆有不赦之罪。」且欲「窮逆賊之黨與而治之。」何前後矛盾若此也。

宣公十有七年：「公會晉侯、衞侯、曹伯、邾子同盟于斷道。」《傳》云：

「若斷道之盟，諸侯同心謀欲伐齊，釋其憤怒，非有不得已而要之者也。」

按：斷道之盟，《穀梁》以爲同外楚。而胡氏不從，乃別立伐齊之新說。黃震嘗爲之評析云：「時宋爲楚得中國，危甚。幸而衞復反爲中國，使晋不爲是盟，恐曹、衞復背而南嚮，故晋侯爲是盟，以固魯、衞、曹、邾之心。」（《黃氏日抄》卷十）。又云：「胡康侯乃因郤克徵會于齊，齊婦人笑其跛，齊大夫赴盟而見執，遂以此盟爲謀齊。不思徵會乃在未見笑之先，豈預知其見笑，故爲之會以謀之耶？」（同上）。朱朝瑛亦云：「前者，魯與楚會，宋及楚平，諸侯駸駸南向，故爲此會以固之。使郤克徵會而後見笑，見笑而歸，請伐齊，晋侯未之許也。既會而齊侯不至。故執其使，非爲克也。既會之後，郤克爲政，伐齊之謀，蓋始于此，會時何嘗及之？」（《讀春秋略記》卷七）。今攷之時事，《左氏》有明文，黃、朱二氏之言，庶幾得之，文定蓋未之攷也。

襄公二十有二年：「公會晋侯、齊侯、宋公、衞侯、鄭伯、曹伯、莒子、邾子、薛伯、杞伯、小邾子于沙隨。」《傳》云：

「按《左氏》，會于商任，錮欒氏也。會于沙隨，復錮欒氏也。古者，大夫去國，君不掃其社稷，不係纍其子弟，不收其田邑，使人導之出疆，又先之於其所往，勑五典，厚人倫也。今晉不念欒氏世勳，而逐盈。又將搏執之，而命諸侯無得納焉，則亦過矣。」

按：據《左氏》二十一年傳載范鞅以其亡也，怨欒氏，故與欒盈為公族大夫而不相能。洎欒黶卒，欒祁與其老州賓通。盈患之，祁懼其討，愬諸宣子，宣子乃使城著而遂逐之。又據《國語．晉語》載平公問安身之計於陽畢。畢對以「掄賢人之後有常位於國者而立之，亦掄逞志虧君以亂國者之後而去之。」故逐欒盈。會《左》、《國》二書觀之，盈乃被逐者，非忠臣去國者比。而文定乃責晉不導之出疆，先于所往，迂甚。又欒盈之見逐，實基欒書之弒厲公。今文定反謂「晉不念欒氏世勳。」故毛奇齡氏譏之云：「以弒君之賊，而題為世勳。」（《春秋傳》卷二十七）。文定之不詳攷，一至於此。

昭公二年：「冬，公如晉，至河乃復。季孫宿如晉。」《傳》云：

「按《左氏》，晉少姜卒。公如晉，晉侯使士文伯來辭曰：『非伉儷也，請君無辱。』公還。季孫宿遂致服焉。……夫小國之去就從違，聽大國之令也。若非伉儷，齊人請陳無宇之罪，何以令之也。」

按：少姜非伉儷，士文伯語之，《左氏》載之。文定又引之。然又曰：「若非伉儷，齊人請陳無宇之罪，何以令之？」似以少姜實伉儷，特欲辭公而故詛之者。文定何前後矛盾若此。姜寶云：「晉以少姜非伉儷，辭公，未爲不是。見辭乃復，亦未爲不是。只是當時不當親往，失禮妄動，所謂恭不近於禮，不能遠恥辱者，公也。胡氏之說，反似少姜爲適矣，不可從」（《春秋事義全考》卷十三）是矣。

定公十有二年：「季孫斯、仲孫何忌帥師墮費。」《傳》云：

「三桓既微，陪臣擅命，憑恃其城，數有叛者，三家亦不能制也。而問於仲尼，遂墮三都，是謂以禮為國可以為之兆也。」

定公十有二年：「十有二月，公圍成，公至自圍成。」《傳》云：

「按《左氏》將墮成，公斂處父謂孟孫曰：墮成，齊人必至于北門。且成，孟氏之保障。無成，是無孟氏也。子僞不知，我將不墮。書公圍成，強也。其致，危之也。仲由為季氏宰，孔子為魯司寇而不能墮成何也？……。」

按：文定既云：「遂墮三都。」又云：「孔子爲魯司寇而不能墮成，何也？」是成終未之墮也，何自相矛盾若此。考「當時只二家不能制其家臣，問於仲尼；所墮亦只兩都，未嘗墮三都。胡氏以爲墮三都，非也。」（姜寶《春秋事義全考》卷十五）。攷之《左氏》，姜氏之言得其實。

哀公十年：「吳救陳。」《傳》云：

「吳雖蠻夷之國，來會于戚，則進而書人矣。使季札來聘，則又進而書子矣。救而果善。曷為獨以號舉而不進之也。其以號舉而不進之者，深著楚罪而傷中國之衰也。」

按：楚伐陳，吳救之，則罪在楚，而善在吳可知矣。今謂吳之以號擧爲深著楚罪而傷中國之衰，則賞罰偏頗矣。故徐廷垣云：「誅爲善以儆不善，天下安有賞罰之倒置，若此者乎？」（《春秋管窺》卷十二）是矣。

本章附註

①莊公二十有四年《穀梁傳》：「夏，公如齊逆女。親迎，恆事也，不志。此其志何也？不正其親迎於齊也。」

②《史記・齊世家》：「初，襄公之醉殺魯桓公，通其夫人。殺誅數不當，淫爲婦人，數欺大臣，羣弟恐禍及，

故次弟糾奔魯，其母魯女也，管仲、召忽傅之。次弟小白奔莒，鮑叔傅之。」

③荀子：「桓公殺兄以反國。」

④莊子：「桓公小白，殺兄入嫂，而管仲爲臣。」

⑤《古越絕書》：「管仲臣於桓公兄公子糾。」

⑥管子大匡：「齊僖公生公子諸兒，公子糾，公子小白。」又云：「鮑叔傅小白，辭疾不出，以小白幼而賤，不欲爲傅故也。」

⑦僖公元年《穀梁傳》：「齊師、宋師、曹師次于聶北。救邢。救不言次，言次非救也。」

⑧趙汸《春秋師說》卷中《論漢唐宋諸儒得失》：「先儒云：《春秋》者、聖人之刑書。謂《春秋》不用刑，亦不可；然若專以此求《春秋》，則是聖人尚刑、不尚德也。」

⑨朱子《五經語類》卷五十八：「胡氏謂書晉侯，爲以常情待晉襄，書秦人，爲以王事責秦穆，卻恐未必如此。須是己之心，果與聖人之心神交心契，始可斷他所書之旨。不然，則未易言也。」

⑩宣公二年《左氏傳》：「孔子曰：董狐，古之良史也，書法不隱。趙宣子，古之良大夫也，爲法受惡。」

⑪僖公二十有四年《左氏傳》：「衞侯燬滅邢，同姓也，故名。」：《禮記曲禮下》：「諸侯失地名，滅同姓名。」

⑫黃震《黃氏日抄》卷九：「《春秋》書滅同姓者有矣，而未嘗名，虞滅下陽，楚滅夔，皆同姓也，何以不名？楚

子虔誘蔡侯殺之，此非同姓也，何以反名之？且書滅國則其惡自著，同姓非同姓，後世自辨，不在書名而後知其滅同姓也。《曲禮》遂曰，諸侯失地名、滅同姓名，吾嘗考《小戴》多漢儒雜說，援《春秋》三傳以立文也。」

⑬隱公十有一年《公羊傳》：「《春秋》，君弒賊不討，不書葬，以爲無臣子也。」

⑭蘇轍《春秋集解》卷二：「稱入，忽在內，難之也。《公羊》曰：何以不言忽之出奔？忽之爲君微也。祭仲存則存矣，祭仲亡則亡矣。夫突入于櫟，未入于鄭，忽未嘗奔也，而何以書之。」

⑮蘇轍《春秋集解》卷二：「地而後伐，既會而後伐也。《穀梁》曰疑詞，非其疑也。蓋以爲伐突以正忽也。夫突在櫟不在鄭，伐鄭非伐突也，乃所以救突也。《公羊》、《穀梁》之妄，若是者衆矣！不可勝非也。故各非其一而已。」

第七章　結論

文定《春秋傳・自序》云：「周道衰微，乾綱解紐，亂臣賊子，接迹當世，人欲肆而天理滅矣。仲尼，天理之所在，不以為己任而誰可？五典弗惇，己所當敍；五禮弗庸，己所當秩；五服弗章，己所當命；五刑弗用，己所當討。」蓋「世衰道微，暴行交作，仲尼有聖德，無其位，不得如黃帝、舜、禹、周公之伐蚩尤，誅四凶，戮防風，殺管、蔡，行天子之法於當年也。故假魯史，用五刑，奉天討，誅亂賊，垂天子之法於後世，其事雖殊，其理一耳」（桓公二年：「滕子來朝」傳）。故《春秋》本魯史，仲尼就加筆削，其或因或革，或予或奪，或抑或揚，皆酌以聖心，本乎天理，以垂天子之法於萬萬世者，此其所以為「史外傳心之要典」也。故云：「《春秋》立義兼述作」（隱公「元年」傳）是也。

然仲尼既可假魯史以志典禮，以傳其心法於後世。則後儒亦可以假《春秋》以寓其志，以立時事，以行其道也。文定既生於胡虜猖狂，中華積弱不振之時。又博覽羣籍，志切濟時。尤於宋高宗南渡之初，國是倉皇之際，受命以《春秋》進講經筵。旋又秉命作《春秋傳》，因遂本孔聖既述且作之法①，因《春秋》之大義、微言，以導其君。使振衰起弊，報讎雪恥，以興復先人之故疆，以漸進於三代之治世也。故元儒汪克寬氏謂「文定作《傳》，當宋高宗南渡之初，是時，徽宗、欽宗及二后被幽於金，國遭戮辱，不可勝紀。而高宗信任秦檜之姦，偷安江左一隅，忘君父大讎，不敢興兵致討，反與之議和講好，下拜稱藩。既無外攘之策，又乏內修之備。君臣、父子，上下、內外，大義不明，莫此爲甚。是以此傳，專以尊君父、討亂賊爲要旨」（《春秋胡傳附錄纂疏》卷首）是也。惟其述作之旨如斯，故其書之成就亦可得而論焉：

一、態度

文定著述之初，既以既述且作之旨爲體例，故不得如漢儒之篤守三傳顓家之學，而必以啖助「通經爲意」之通學爲門戶。然《漢書．藝文志》云：「昔仲尼沒而微言絕，七十子喪而大義乖，故《春秋》分爲五。」後以「鄒氏無師，夾氏未有書。」於是，《左氏》、《公羊》、《穀梁》三家角立別行。然《左氏》善文采，而《公羊》、《穀梁》乃「末世口說流行」之作。漢、魏儒者，雖以顓家名學，猶互相剽竊②。今文定左右採獲，雖時能糾正三傳之謬誤，亦不免履蹈三家之偏失③。因知《春秋》大義之隱微，而折衷之匪易也。

文定既以通學爲門戶，故於前賢時儒之新意，乃多所采獲。然賈逵、何休、杜預、范寧之流，以專家名者，已多差舛。至啖助、趙匡，孫復、劉敞以下，新說蠭出並作。今以意去取，又不免時因其臆說也。然其因程頤等以《春秋》乃孔子爲天下後世立不易之大法④，而非漢儒所謂爲漢立法⑤之偏狹，則非漢儒之所及也。至述一己之所得者，蓋本儒者「居則翫聖哲之詞，動則行典籍之道，稽先王之制，立當時之事」（《應劭風俗通》）之所需也。攷文定述一己之所得者，固在尊君父，討亂賊諸端也。

二、方法

《漢書．儒林傳》云：「古之儒者，博學虖六藝之文：六藝者，王教之典籍。先聖所以明天道，正人倫，致至治之成法也。」而《史通》則曰：「傳者，轉也。轉受經旨，以授後人。」是經傳者，固先聖昔賢經世垂法之要籍也。今文定釋《春秋》之方法，一曰：攷之經傳，以發《春秋》之微言。固全據先聖昔賢之要籍，以釋《春秋》之微旨也⑥。若其二曰：悟之義理，用探聖意之幽深者，亦本乎先聖昔賢之嘉言懿行⑦。故其義理純正，旨意可觀。雖不免於土苴羣籍⑧之譏，然非可輕侮也。

《公羊》、《穀梁》之學，特重一字之褒貶，至謂「一字之褒，寵踰華袞之贈；片言之貶，辱過市朝之撻」（范寧《穀梁傳序》）。文定治《春秋》之法，其三曰：嚴一字褒貶，以昭《春秋》之大義。蓋本乎此也。然捨本事不求，但推諸一字，以定褒貶，則有類文字遊戲矣。謂《春秋》無一字褒貶固不可，然求之太過亦非。此文定之失也⑨。

因例以釋《春秋》者，蓋自漢儒始，若牒例、謚列、釋例等是也。文定治《春秋》之方法，其四曰：繩之條例，以闡《春秋》之奧旨，蓋本乎此。特文定於正例之外，別有變例；變例之中，又有變義。故儒者多病其穿鑿附會。不知其所以穿鑿附會者，正所以寓尊君父，討亂賊之大旨也。故朱熹謂其「以義理穿鑿」。此蓋文定志切濟時，有所不得已者乎？

三、經世

章學誠嘗云：「六經皆史也。六經皆先王之政典也。六經皆先王得位行道，經緯世宙之迹。而非託於空言」（《文史通義．易教上》）。又云：「古之所謂經，乃三代盛時典章法度，見於政教行事之實，而非聖人有意作爲文字以傳後世也」（《經解上》）。是《春秋》者，固孔子因魯史之迹，以三代盛時典章法度筆削之，使垂後世法者也。故其經世之旨，莊子首發之，《公羊》、《穀梁》繼明之。洎乎文定，既緣〈堯典〉舜命契以修明五教之訓，與《禮記・大學篇》修、齊、治、平之術，以推明三綱之敎。又本孔、孟諸儒之雅言，以闡明政術之要在以禮治國，爲政之本在誠信不在盟誓，爲政之端在嚴義利之辨，爲政之要在尚德而賤力，仁政之道在勤政愛民諸端，皆爲吾國文化之大纛，放諸四海而皆準，行之百世而不悖者，一一寓諸行事，使深切而著明。又本韓昌黎氏「諸侯用夷禮則夷之，進於中國則中國之」之昌言，一則發明吾華夏之民族精神，進而闡釋吾民族兼容並蓄之博愛、和平之特性。由此觀之，文定固深明「經術所以經世」⑩之旨，故其傳得體大思精若此。則其羽翼聖經之功非小可知也。

四、寓宋

先秦諸子之述作，皆本託古改制之旨。故孔子道文、武，墨翟從夏政，孟軻言堯、舜，而許行樂神農矣。若夫《春秋》，王荊公以爲斷爛朝報⑪，而梁任公以爲「流水帳簿」⑫。蓋以其文本支離，義又幽深，儒者難詳故也。是以賈逵、何休因之以寓漢，杜預因之以媚晉。文定本之，遂因《春秋》之微言，以格南宋君臣之非。其大復讎說，自强爲善，親賢去讒，國君守土，設險逐寇諸端，誠對症之藥，有爲有守之方。所謂「居則翫聖哲之詞，動則行典籍之道，稽先王之制，立當時之事」者，文定其有諸矣。

若夫因宋祖戒權臣之法，終成孤立之勢；因宋祖忌武將之教，終無可用之人；因宋祖和議之故事，終成偏安之局者。此蓋家法入人已深，習而不察者乎？攷文定自登第逮至仕凡四十年，而在官實歷不登六載。無緣媚主至此耶？若其緣飾經義之不當，終堅苟且之志；則以攘外夷之義，爲尊君父之義所掩故也。惜乎！文定願忠君父之志，似當暫置禮運天下爲公之意，而以民族大義，尚武教戰進講，始克濟時艱也。

五、批評

《春秋胡氏傳》既出，雖宋高宗許之謂「比諸儒所得尤邃」。然時儒、後賢之批評者甚衆。要謂其支離、穿鑿；附會、拘泥。今考其所以附會穿鑿者。一在方法，蓋執空理、條例與一字褒貶以求《春秋》之大義，有以致之也。若魯定公受制於季孫意如，而謂「不黨私勞，致辟意如，以明君臣之義，則三綱可正，公室强矣」⑬。此但知制抑權臣之空理而不達時勢故也。如季友之私行以葬原仲，攷大夫無外交，禮有明文，則其貶可知。文定則執稱公子無貶之例，以爲雖私行無貶，然實不能無貶。因謂深貶王臣，而諸侯大夫無譏焉⑭。此執例與一字褒貶而穿鑿附會者也。

次在經世垂法與匡濟時艱，文定志切於濟時，嚮往於三代之治世，故於《春秋》字字垂法，條條濟時，終不免傅會、穿鑿之病。如論「元年」云：「元者，仁也。仁者，心也。《春秋》深明其義當自貴者始，故治國先正其心」⑮。此以經世垂法之義而穿鑿者也。又論蔡世子有云：「父母之仇，不與共天下，與民守國，效死不降，至於力屈就擒，虐用其身而不顧也，則有之爲世子之道得矣」⑯。此以啓宋高宗守國復讎之義，而述一己之心得者，而皆不免臆測之譏也。

綜前所述，則批評者，雖有尊聖而忘其僭逆，執理而不達時勢，摘瑕而傷鍥刻，稱美而踰情實，體例與義例，穿鑿與臆測，疏誤與矛盾諸端。要皆緣寓述於作之體，期以濟時艱，而致太平，有以致之也。若能去其瑕蕪，而得其經世之微旨，則《胡氏傳》亦羽翼聖經之功臣，其能與《左氏》、《公羊》、《穀梁》並稱爲春秋四傳者，豈偶然哉！

本章附註

①朱彝尊《春秋權衡序》：「若胡安國之《傳》，出言無不純，理無不正，然其文則孔氏之文，其事則類指南渡君臣得失，斯蓋因述以寓作者矣。」

②杜預《春秋》序云：「古今言《左氏春秋》者多矣，今其遺文可見者十數家。大體轉相祖述，進不成爲錯綜經文以盡變，退不守丘明之傳；於丘明之傳，有所不通，皆沒而不說，而更膚引《公羊》、《穀梁》，適足自亂。」

孔穎達《春秋正義序》云：「其前漢傳《左氏》者，有張蒼、賈誼，尹咸、劉歆，後漢有鄭衆、賈逵，服虔、許惠卿之等，各爲詁訓，然雜取《公羊》、《穀梁》，以釋《左氏》。」又何休《公羊解詁．序》云：「援引他經，失其句讀。」徐彥〈疏〉云：「三傳之理不同多矣。羣經之義，隨經自給，而顏氏之徒，既解《公羊》，乃取他經爲義。猶薰賊入門，主人錯亂，故曰失其句讀。」

③見本書第二章胡安國治《春秋》之態度與方法。

④河南《程氏遺書》第三云：「三王不足四，無四三王之理。如忠質文之所尚，子丑寅之所建，歲三月爲一時之理。秦强以亥爲正，畢竟不能行。孔子知是理，故其志不欲爲一王之法，欲爲百王之通法。如語顏淵爲邦是也。其法度又一寓之《春秋》。」又第十七云：「三王之法，各是一王之法，故三代損益，文質隨時之宜。若孔子所立之法，乃通萬世不易之法。」

⑤何休《公羊解詁》卷二十八云：「絕筆於春，不書下三時者，起不絕火王，制作道備，當授漢也。」又云：「孔子仰推天命，俯察時變，卻觀未來，豫解無窮，知漢當繼大亂之後，故作撥亂之法以授之。」復云：「待聖漢之王以爲法。」

⑥見本書第二章胡安國治《春秋》之態度與方法之二、方法。㈠考之經傳以發《春秋》之微言節。

⑦同註⑥。㈡悟之義理用探聖意之幽深節。

⑧劉師培《漢宋學術異同論》：「宋儒說經，不軌家法，土苴羣籍，悉憑己意所欲，出於空理相矜。」

⑨見本書第二章胡安國治《春秋》之態度與方法之二、方法。㈢嚴一字褒貶以昭《春秋》之大義節。

⑩見全祖望《黎州先生神道碑》。

⑪汪克寬《春秋胡傳附錄纂疏》卷首云：「王安石有國是論，以《春秋》爲斷爛朝報。」

⑫梁啓超《中國歷史研究法》第二章《過去之中國史學界》云：「一條記一事，不相聯屬，絕類村店所用之流水帳簿。」

⑬見本書第五章《春秋胡氏傳之批評（上）》執理而不達時勢節。

⑭見本書第六章《春秋胡氏傳之批評（下）》穿鑿與臆測節。

⑮同註⑭。

⑯見本書第四章《春秋寓宋說》，以春秋國君守土之訓喻高宗匡復失土節。

附錄：重要參考書目

周易　魏王　弼　韓康伯注　唐孔穎達等疏
詩經　漢毛　公傳　鄭　玄箋　唐孔穎達等疏
尚書　漢孔安國傳　唐孔穎達等疏
周禮　漢鄭　玄注　唐賈公彥疏
禮記　漢鄭　玄注　唐孔穎達等疏
論語　宋朱　熹集註
孟子　宋朱　熹集註
左傳　周左丘明著　晋杜　預集解　唐孔穎達等疏
國語　周左丘明著　吳韋　昭注
春秋繁露　漢董仲舒著
公羊傳解詁　漢何　休著

穀梁傳集解　晉范　寧著
春秋纂例　唐陸　淳著
春秋微旨　唐陸　淳著
春秋辨疑　唐陸　淳著
春秋尊王發微　宋孫　復著
春秋權衡　宋劉　敞著
春秋劉氏傳　宋劉　敞著
春秋意林　宋劉　敞著
春秋經解　宋孫　覺著
春秋集解　宋蘇　轍著
春秋集解　宋呂本中著
春秋傳　宋胡安國著
春秋傳　宋葉夢得著
春秋後傳　宋陳傅良著
春秋集註　宋張　洽著

春秋通說　宋黃仲炎著
春秋經筌　宋趙鵬飛著
春秋或問　宋呂大圭著
春秋集傳釋義大成　元俞　皐著
春秋本義　元程端學著
春秋或問　元程端學者
春秋諸傳會通　元李　廉著
春秋師說　元趙　汸著
春秋胡傳附錄纂疏　元汪克寬著
春秋王正月考　明張以寧著
春秋大全　明胡　廣等著
春秋經傳辨疑　明童　品著
春秋胡氏傳辨疑　明陸　粲著
春秋四傳質　明王介之著
春秋億　明徐學謨著

春秋胡傳考誤　明袁　仁著
春秋事義全考　明姜　寶著
春秋正旨　明高　拱著
春秋質疑　明楊于庭著
讀春秋略記　明朱朝瑛著
春秋四傳糾正　清俞汝言著
春秋毛氏傳　清毛奇齡著
春秋管窺　清徐廷垣著
春秋闕如編　清集袁熹著
春秋宗朱辨義　清張自超著
學春秋隨筆　清萬斯大著
春秋隨筆　清顧奎光著
春秋左氏傳補疏　清焦　循著
左傳會箋　日人竹添光鴻著
程氏經說　宋程　頤著

河南程氏遺書　宋朱　熹編
近思錄　宋朱　熹編
朱子五經語類　明程　川編
黃氏日鈔　宋黃　震著
困學紀聞　宋王應麟著
五經蠡測　明蔣悌生著
日知錄　清顧炎武著
經史答問　清全祖望著
東塾讀書記　清陳　澧著
經學通論　清皮錫瑞著
經與經學　民國蔣伯潛著
漢宋學術異同論　民國劉師培著
宋明理學概述　民國錢　穆著
中國歷史研究法　民國梁啓超著
國學概論　民國錢　穆著

俞曲園學記　民國曾昭旭著

史記　漢司馬遷著

漢書　漢班　固著

後漢書　宋范　曄著

晋書　唐房　喬等著

新唐書　宋歐陽修　宋祈等撰

宋史　元脫　脫等著

元史　明宋　濂等撰

史通　唐劉知幾著

文史通義　清章學誠著

二十二史劄記　清趙　翼著

皇宋兩朝中興聖政　不著撰人

文獻通攷　元馬端臨著

福建通志　清陳壽祺等撰

伊洛淵源錄　宋朱　熹編

宋元學案　明黃宗羲等編
經義考　清朱彝尊編
閩中理學淵源考　清季心馥編
經學歷史　清皮錫瑞著　民國周予同注
經學通志　民國錢基博著
中國經學史　日人本田成之著
郡齋讀書志　宋晁公武著
四庫全書總目　清紀　昀等編
管子　周管　仲著
莊子　周莊　周著
荀子　周荀　況著
風俗通　漢應　劭著
讀通鑑論　清王夫之著
宋論　清王夫之著
韓昌黎集　唐韓　愈著

游廌山集　宋游　酢著
龜山集　宋楊　時著
斐然集　宋胡　寅著
南軒集　宋張　栻著

國家圖書館出版品預行編目資料

春秋胡氏學／宋鼎宗著. --初版. --臺北市
：萬卷樓，民 89
面； 公分
參考書目：面
ISBN 957-739-267-9(平裝)

1.(宋)胡安國-學術思想-經學 2.春秋(經書)-研究與考訂

621.7 89001904

春秋胡氏學

著　　者：宋鼎宗
發 行 人：許錟輝
責任編輯：李冀燕
出 版 者：萬卷樓圖書有限公司
台北市和平東路一段 67 號 14 樓之 1
電話(02)23216565・23952992
FAX(02)23944113
劃撥帳號 15624015
出版登記證：新聞局局版臺業字第 5655 號
網站網址：http://www.wanjuan.com.tw/
E -mail：wanjuan@tpts5.seed.net.tw
經銷代理：紅螞蟻圖書有限公司
台北市內湖區文德路 210 巷 30 弄 25 號
電話(02)27999490
FAX(02)27995284
承印廠商：晟齊實業有限公司
電腦排版：浩瀚電腦排版股份有限公司
定　　價：400 元
出版日期：民國 89 年 4 月初版

ISBN 957-739-267-9